政协委员履职风采

ZHENGXIE WEIYUAN LVZHI FENGCAI

李汉秋

李汉秋 著

中国文史出版社

《政协委员履职风采》丛书
编辑委员会

李汉秋（2006 年）

1990 年，陪同卢嘉锡副主席考察

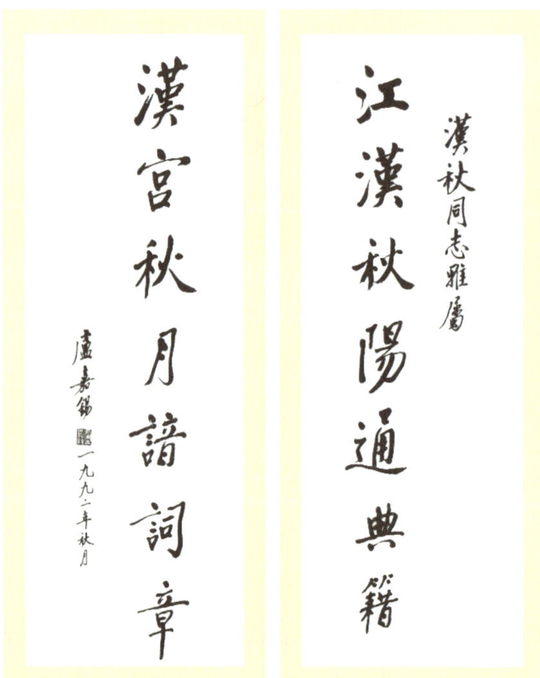

卢嘉锡赐联

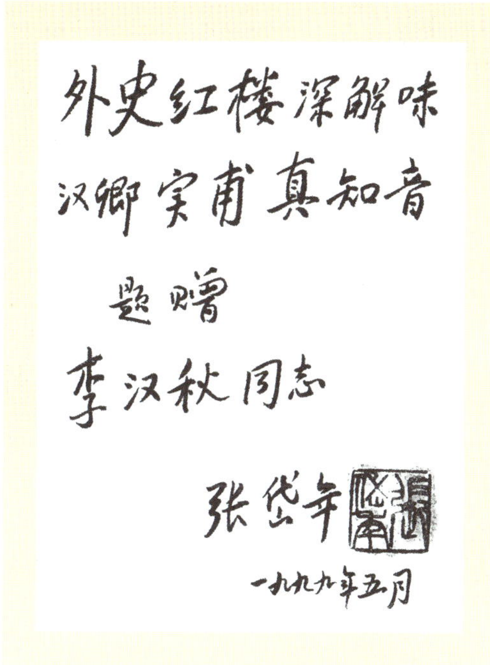

张岱年先生赐题

2008年在中华母亲节论坛

2011 年在央视为各国朋友讲孝和中华父亲节母亲节

2012 年在央视文明之旅讲演

2014 年，在全椒吴敬梓塑像前

2014 年在央视讲中秋节

主持纪念吴敬梓逝世 260 年大会

2016 年在华母节十年庆典演讲

目 录
contents

自述：我的人文人生

建言献策　尽责履职

政协第七、八届全国委员会

【提案】

【会议发言】

政协第九、十届全国委员会

【提案】

【会议发言】

随感·报道

委员随感

媒体报道

自述：我的人文人生

从三坊七巷到三牧坊

福州的“三坊七巷”指的是以南后街为主轴，从北而南，西面三片“坊”：衣锦坊、文儒坊、光禄坊；东面七条“巷”：杨桥巷、郎官巷、塔巷、黄巷、安民巷、宫巷、吉庇巷。这是福州老城居民区的核心，基本保留着唐宋遗留下来的坊巷格局和大量明清时期古建筑，被称为“城市里坊制度的活化石”，是福州人文荟萃的缩影，是个神奇的地方。在约半平方公里的街区内，出现的对当时社会和中国近现代进程有重要影响的人物，竟达百余人。我的出生和童年、少年就在其中的杨桥巷。

原来的杨桥巷与其他六巷一般长（现已向西拓展成又宽又长的杨桥路），西端之西叫“水流湾”，有小河有桥，宛然“小桥流水人家”，我幼时印象颇深，后来屡次梦中游走河沿的石板路木板房而迷其归路，迷迷糊糊走到西湖。西端之北叫“达明河沿”，之南就叫南后街，向南串起三坊七巷。

短短一条杨桥巷就出了好多名人：就在我家西边约二百米，杨桥巷与南后街交接处，有一座神秘的大院子，原先坐南朝北、门朝杨桥巷，后因杨桥巷扩路，拆掉门楼，门改朝西、朝南后街。大门口，一边悬“林觉民故居”，一边悬“谢冰心故居”。这是怎么回事？黄花岗七十二烈士之一的林觉民，他诀别妻子的信长时间入选中学教材，我从小就很敬仰，后来他家衰落了，把房子卖给冰心的祖父，于是又成了著名女作家谢冰心的故居。同一幢房出两位不同家族的大贤的情况，举世难觅！1956年北京大学纪念五四的大会请冰心讲话，她上台第一句就说，请你们不要把我看作五四时代的人物，赢得满场笑声掌声。其实她真是五四后女作家的杰出代表，1957年春作为北大中文系二年级学生，我选择大三的学年论文题时，就选择了这位曾经是老家的街坊邻里的女作家。与冰心同时代的著名才女林徽因的祖屋也是此屋。稍远些有那时代的另一位女作家庐隐，还有首先译述《茶花女》等西方文学名著的大作家林纾（琴南）。严复译《天演论》引进西学，影响中国近现代思潮，是北京大学首任校长，他在郎官巷家的后门与我家的后门背靠背，过去我梦中反复出现从我家后门经他家后门进入他家，一进又一进走到厅堂的梦境，至今也没搞清我孩童时是否真有此经历。林则徐亲属在宫巷，每次经过都有自豪感油然升起。

我家的东南方不远矗立着“圣人殿”——孔庙，门前两边长墙上各有四个大字，一边是“金声玉振”，一边是“江汉秋阳”，小时看了我才知道，自己的名字“汉秋”原来出自这里！虽然不知其深意（详后解），但却增强了对孔圣人的亲切感。

五岁上小学，因年纪小，选择了西边古老僻静的衣锦坊小学。第一天早上上学时由母亲送我去，而放学时就是我自己一个人走回来的，从此再也无须家人接送。

我家东面，过了热闹的东街口二三百米，就是三牧坊，坐落着著名的好学校“省福中”——省立福州中学，现称福州第一中学。坊的路面不宽，有座廊形的过街天桥，把福一中的教学区和宿舍区连接起来，它成了福一中的地标。我曾在福一中近旁的实验小学上学，在小学生心中，“省福中”就是最高学府，每次过三牧坊都有种莫名的神圣感。省福中过街天桥，在福州是独一无二的，每经过桥畔，听到哥哥姐姐们抛洒下的一串串欢声笑语，仿佛就是天堂里的笑声，带几分神秘，引人羡慕，憧憬……

1949年的“八一七”，福州解放了，我也如愿以偿地走进了求学的圣地，心满意足地登上福一中过街天桥。沐浴着人民解放的阳光，福一中的民主气氛很浓，从校学生会到班级干部都是民主选举的。我在初一甲班，开学后就被选为班长。不久，福一中在全省率先成立少年儿童队（少年先锋队的前身），我又被推为全校临时大队部的大队长。一个秋高气爽的下午，刚下课就通知我到杨桥巷的团市工委去领红领巾。我兴高采烈地飞快跑去，领了以后，就迫不及待地自己先佩戴上了。团市工委的同志告诉我：我是福建省第一个戴上红领巾的队员。从此手臂上还多了三条红杠。有次上地理课时，我习惯性地以拇指逐一放开四个手指，在桌上轻弹了一下，傅祖德老师看着我手臂上的三条红杠说：大队长要带头遵守课堂秩序。过了一会儿他又自我更正说：这大概是下意识的动作。我觉得这个老师很有水平，不久他果然升到福建师范大学当老师。

我念初三那年的“六一”儿童节，庄严地宣誓加入了青年团。从此分配我当少儿队的辅导员，又当辅导组的组长。我高一时，初中成立团总支，校团委书记林存礼兼任初中总支书记，我任总支副书记。虽然离家很近，我却寄宿在校。早上打赤脚穿过廊桥去上课；晚上打井花水冲了脚，拖着木屐去教室自习后，再让木屐“踢踢踏踏”打着轻快的节拍通过廊桥回到寝室，在木板床上沉酣地一觉睡到天亮。每天中午我排了表，轮流与初中各个年级或班级的团干部交流情况、研究工作。后来林存礼告诉我，团委把派我负责初中团的工作，总结为一条经验。我就这样乐呵呵地在福一中的队—团中度过整整六年。

1955年不知不觉间考上北大中文系。当时福建没有铁路，从福州坐轮船到南平，舍舟登汽车越过闽赣交界的仙霞岭，到江西上饶鹰潭才乘上火车，还是慢车，到济南火车站露宿一夜转车进京，行程整整一个星期。福州进京的几十个中学生集体走，没有大人领队，领队者居然是我这个未出过福建、未见过火车的毛头小伙子。比起现在父母送子女上大学的情景，连我自己都觉得当年不可思议。

未名湖是启梦的湖

南蛮小子不知道未名湖，1955年入学的第二天傍晚，早一年进北大的福一中校友领我步入秋光澄净的未名湖畔，映入眼帘的竟是优美得出乎意料的湖光塔影。我只觉得我是来到一座雅致的园林，我只想看，不想走了。刚在湖畔的石岸上落座，湖那侧就传来歌声，举目望去，只见十几个英姿勃发的青年男女沿湖漫步，两只手风琴兴高采烈

1955年，初进北大（前排右一为笔者）

地奏出轻快的乐音，错杂而行的俊男靓女闲雅地唱着曼妙的歌。呀！此景此情，过去只在表现幸福生活的苏联电影里见过，不意今天，自己也进入此画中！我久久地端详澄澈湖面上他们的倒影，心中说不尽的舒畅。

我平生第一次看到的雪景，就是冬装的未名湖。我忍着耳朵的僵冻，在湖畔、林麓贪婪地来回观赏：那草坪上厚厚的雪褥，那雪毯铺就的洁白无痕的路，我真舍不得踩上脚印，破坏了她的完整无瑕。婀娜多姿的树枝单向长出厚厚的雪绒，树叶上堆满雪花，颤巍巍地，千朵万朵压枝低。我强行睁大被冻得睁不开的眼睛，想把那雪白晶莹的世界镌刻心中。晚饭后，连夜写下平生第一篇像散文的东西，那真是情动乎中，不得不写。也是那年冬天，我在结冻的湖面上不知摔了多少跤，终于学会了溜冰。

未名湖成了我昕夕亲近的密友，朝云、暮雨、黄昏、月夜，都喜欢独自去探问，特别喜欢临湖轩旁静谧的荷花池，无数次在那里细细品味“曲径通幽”的意境。团支部同志说我喜欢独来独往，大概就是他们觉察到我对未名湖的钟情。记得有一篇文章专说独自散步的妙处，我是深有体会的。行到水穷处，坐看云起时，信马由缰，不仅可以凝神，而且可以遐思，接近天人合一的境界。至今我还保有此好。许多人都喜欢去颐和园，我当时给外地同学写信说，我更喜欢未名湖，有了未名湖，我就不想去颐和园。现在想来，也许颐和园是庞大的交响乐，我难于把握，而未名湖是单纯的小夜曲，我能心领神会，而且可以朝夕领略。相看两不厌，唯有未名湖！别轻看湖山在怡养性情方面的作用，就在这样的“相看”“相恋”中怡情养性，陶冶了一代又一代燕园人。未名湖已成了我性情之源，参与镕铸了我的性格。

未名湖畔闪耀着的众多学术巨星，更令我着迷。中学时代，我一直是团干部，团委书记就是我前瞻的偶像。到了北大，开学前，穿长布衫的系学生会主席带领部分新生到一些教授家拜访，走进他们的家，满目是满橱满架的书，翰墨飘香，在我眼前树起一尊尊偶像。呀！这么渊博，这么儒雅，这样大的成就，大大开阔了我的眼界，赢得倾心尊敬！开课了，堂上有鸿儒，活生生的学者就站在我眼前，该门学科的权威、教科书和参考书的作者常常就是任课老师自己，有的老师在给我们讲课之时，他的授课内容就在报刊上刊出——这就是学术前沿，这就是学术高端，学术殿堂并不渺远，老师们正在摘取学术桂冠。“向科学进军”——这是未名湖散发出的声音，一位位名师都是向科学进军的旗手，一堂堂课都是向科学进军的脚步，我已跻身这支队伍，愿紧追前进的脚步。

我在未名湖漫步的范围扩大到教授宿舍区。在静谧的深夜，窗帷下台灯柔和的光散发出诡谲的色彩，对此我怀着一种虔敬，感到一种神圣。我脑际常浮现当时校报上报道的翦伯赞教授“雪夜读汉书”的情景：在漫天风雪的北国之夜，当时已经德高望重的鸿儒硕学，凝神静气，挑灯夜读，孜孜不倦，师母就坐在书桌旁做女红。我觉得这比“红袖添香夜读书”境界更高！

这样的学术人生多么高雅。在世界观形成的青年时代，我在未名湖畔很快找到了愿意皈依的人生价值取向。人生的梦，在未名湖畔诞生了！

前辈教导要志存高远。这也是在践行中巩固、发展的。

第一学期考下来，我门门五分，但自己深知，学识不如周围许多同学，像张少康、杨天石，更不要说调干生张炯、谢勉等人了，要赶上去，只有加紧努力。我吃饭很慢，有“李慢”之称，但室友说我早上去图书馆动作特别快。是的，不快不行呀，当时图书馆包括文史楼分馆的座位远远不够，特别是星期天，要“抢”个座位可不容易。冬天不好在室外读书，怎么办？同学们都发愁，我却有一个绝妙的空间——哲学楼的厕所！大约由于何其芳等文学研究所的大师在那里，那里厕所的每个抽水马桶都自成一个单间，关上门便自成一统，可以专心读书。有了这么个好去处，一旦图书馆没了座儿，我就躲到那里读上半天书。

那时候学苏联，周末要组织学生学跳交谊舞。一到周末，文娱委员便到宿舍“清室”，确保人人参加，不留死角，尤其我这样“冥顽不化”的抗拒分子，成了她“紧盯”的目标。敌进我退，我采取了“游击” 战术。我们住的十三斋每个门洞内都有个洗澡间，这是女委员无法涉足的天然“庇护所”，于是每周末我就抱着书躲进去逃避“搜索”。大学前四年，我每个寒暑假都没回老家。那时宿舍楼几乎没人，很安静，真是潜心读书的大好机会。

1958年夏初，同班挚友张少康，以他平生得到的第一笔稿费，暑假未到就好心为我登记购买了回福州的火车票。正兴致勃勃准备南下之时，我们三班团支部书记黄衍伯（后笔名岩柏）找我聊：人家说我们光会“破”（批判），不会“立”（正面著书立说），我们就来立一立，发挥集体力量写一部中国文学史怎么样？为当时的潮流所鼓荡，年轻人不知天高地厚，加上积郁心中的学海探骊的渴望，这样的创议很有吸引力，我这个团支部宣传委员义无反顾地附议。随即通过班委会，在宿舍走廊上贴出倡议书：放弃暑假，我们中文系1955级文学专门化同学集体编著一部中国文学史。我立即跑去火车站，把进大学以来头一次回家的火车票退掉，以示坚决。

“大跃进”年代，谁读书就会被视为“走白专道路”。幸好我们走上了集体写书的路子，集体搞科研，为了集体事业，当然可以放开手脚公开钻研学问了。未名湖畔出现了一块读书的“特区”。入夜，文史楼阅览室灯火通明，可以特许弄到半夜三更。平时难以见到的大批图书都调出来了，包括许多大型丛书就摆在桌上，任我们翻阅，我们真是趁机大捞一把，大饱“读福”。

1958年大炼钢铁时我得了一场病，在校医院住了一个月，白天夜晚都在病床上看书，《战争与和平》《安娜·卡列尼娜》《唐·吉诃德》……好些大部头就是在病房里看的，同室东语系的病友说我“趁机大捞一把”。

两卷本和1959年的四卷本《中国文学史》完成后，我们有二十多人转入编著《中国小说史稿》。这时已开始注意邀请一些教授参与指导。我、黄衍伯（岩柏）、张菊玲三同学与吴组缃先生共同组成《中国小说史稿》编委会，我代表编委会与人民文学出版社资深的黄肃秋先生签订了出版合同。在北大五年，我属于安守本分的穷学生，不大涉足丰富得令人眼花缭乱的各种活动，也疏于拜谒多如繁星的各位名师。缘于编小说史，吴组缃先生成了我受炙最多的老师，有机会得到“大吴”先生手把手的教导。从1959年秋到1960年夏，我常常经未名湖来到镜春园81号四合院。我至今还记得那方方整整的围墙，那两扇对开的老式油漆大门，那花木扶疏、大而没有精心经营的庭院。对我来说，那就是杏坛，那就是孔帐，是传道授业的神圣之地。那时正是吴先生受到不公正批判的时候，可他没有沮丧和懈怠，一谈起古典小说，他好像在谈论自己的至亲骨肉，对祖国文学总是充溢着挚爱和虔敬，像笃诚的宗教信徒；对学术总是保持着高目标高期许，确是登高望远的硕学鸿儒；对治学总是要求独立思考，开创新境，确是一丝不苟的严师。他特别善于体察入微地品鉴古典小说，他常说读《儒林外史》要像吃橄榄一样，仔细咀嚼，慢慢品尝，不断回味。

1959年冬的一天午后，我按约来到吴先生寓所，走近正屋客厅，隔窗望见吴先生正靠在椅子上闭目养神。我不愿打扰他休息，就在门外恭候。有顷，不知先生怎么发现了我，欣然走出门来招呼我进屋。坐下后聊起来，他给我讲了个“程门立雪”的故事：北宋理学家程颐的学生杨时、游酢，冬天里来拜谒老师，见老师假寐，便伫立门外，天下起大雪，他们照样恭候。待程颐发觉招他们进屋时，他们站过的地方已留下两对深深的雪窝。吴先生赞扬我刚才的表现颇有杨、游之风，我则深感吴先生有硕学鸿儒的风范。

五六十年代中文系有大小二吴先生，“大吴”就是吴组缃先生，“小吴”是吴小如先生。1957年上学期中国文学史这门主课上到宋元段了，主讲的就是这位吴小如先生了。在我印象里，古典文学研究的专家有两种类型：一种重艺术领悟、美学阐发、理论提升，是新派；一种重文献资料的发掘、训诂考据的功夫，多继承传统的治学路径。如果说大吴先生主要近于前一种，那么小吴先生就主要近于后一种。亲炙之下，深切感受到小吴老师学识渊博，功力深厚，而且教学认真。认真到亲自检查学生的课堂笔记。这在当年大面积的本科生教学中实属罕见。我的字本来就不好，加以速记潦草，他竟然能劳神费劲地细阅。我把“塑”字右上角的“月”写成“欠”，他都查出来了并加以批改。他自己治学扎实严谨，也就重视学生的基础训练和基本功培养。对这个错别字我记忆终生。我暗许心愿：要把大小吴老师的两方面优长都学到手。嗣后我治学努力兼顾两方面。“二吴”老师们播下的热爱传统文化的种子，在我以后的生涯中逐渐开花结果。

哲人已去，遗泽永存，对我来说，他们是未名湖之梦的放飞人。

学术研究是筑梦路

破格越级当上副教授——“臭老九”的转运

大学期间择定了人生的路向，毕业后走进当时还属于中国科学院的文学研究所，接触的也都是学者专家，更巩固了以学术为人生立命处的学者梦。后又来到吴敬梓的家乡安徽，在安徽大学中文系执教，我毫不犹豫地选择教元明清文学，主要是古典小说和戏曲。这也有大学时代的学植基础。1958年我们1955级集体编著《中国文学史》，编写两卷本时我是明清戏曲组组长。编著四卷本时，我任宋元大组副组长，另一副组长王水照分工诗词文，主要在宋代（他现在是中国宋代文学学会会长），我分工小说戏曲，重点在元代。也许由于我的名字与《汉宫秋》的缘分在冥冥中牵线，我自愿执笔写元曲四大家之一的马致远及其名著《汉宫秋》，谁知从此与元曲结下不解之缘。1963年起又到南京大学跟随陈中凡、钱南扬两位大教授进修戏曲史。研究“元曲之冠”《西厢记》的文章，1964年整版发表于《光明日报》，成了我论文的处女作。

“文革”前期，大学停课停招生，破除“旧思想、旧文化、旧风俗、旧习惯”，砸烂“封、资、修”，古典文学首当其冲，需要放弃

1964年，在南京大学

梦想了，要做“普通劳动者”，要做“第一代新农民”。到了70年代初，开始工农兵学员上大学，“复课闹革命”。我以古典文学教师开讲属于旧体的毛主席诗词；以戏曲史教师教京剧“样板戏”；以小说史教师，带领评《红楼梦》小组，又带领评《儒林外史》小组，与滁州、全椒合作编写评论这部小说的书，这使我有机会接近吴敬梓，但还不敢“复辟”旧梦。

“文革”结束，知识和知识分子的命运随国家的战略转型开始有了转机。1977年恢复高考招生。1978年恢复职称评定，此事已经停了十几年，像我这样的老助教积压了一大批，当个讲师该不必操心的。1978学年的开学典礼，要宣布职称评定结果，安徽省委书记万里要来校讲话。头天晚上教务处的一位负责人在闲聊中漏了一句：明天可能会出你意料。他说得漫不经心，我也不在意。

谁知开大会时宣布名单，我居然被破格越级为副教授！这真是出我意外！

事后听道路传闻：部署评职称时，万里书记就留下一句话，同学科同档次中也要按水平排出次序。后来就在名列榜首者中选择越级破格提升。这也是万里书记“思想解放”美谈之一例。

当时我是文科最年轻的副教授之一。消息不胫而走，传到北大中文系，传到文学研究所。那里的老同学、同年老同事，两年之后也陆陆续续评为副教授、副研究员——“资产阶级知识分子”的帽子摘掉了，知识的价值受到尊重，有“用文之地”了。那几年，与我同辈知识分子相互间问讯的是：“副”了没有？

恢复职称评定同恢复高考招生一样，其意义远远超过其事本身，这是标志，标志着：社会开始恢复理性，重建尊重知识、尊重智力劳动、尊重知识分子的机制体制。

梦破十几年之后，学者梦终于复苏了。

1961年，在中科院文学研究所（后排左三为笔者）

愿我附着《儒林外史》而长远

我教元明清文学，因教学需要，元曲四大家之首的关汉卿成了我致力研究的第二重点，后来陆续出了四种关汉卿专书，主编了三种元曲选本。1988年中国关汉卿研究会成立时我被选为副会长。《关汉卿名剧赏论》被日本学界看中，部分翻译了过去。马致远的《汉宫秋》是很多人知道的名剧，他们遂以为“汉秋”之名出自《汉宫秋》。一次与第七届全国政协副主席、中国科学院院长卢嘉锡在火车上聊起我名字的出处，我介绍了出自孔孟典籍（详后），回京后他为我题写楹联称赞：

江汉秋阳通典籍，
汉宫秋月语词章。

如前所述，从1959年编著《中国小说史稿》起走上了研究小说史的道路，吴敬梓的《儒林外史》成了我终身致力研究的第一重点。回想起来可以说，正是“二吴”先生们的早期引导，后来我才走进第三个“吴”——吴敬梓的艺术世界。胡适说他是“吴迷”，我跟“吴”也真有不解之缘，至少可称“吴缘”吧。

研究古代文化必须充分占有文献资料，不仅要掌握前贤已经发掘的文献资料，而且要自己去发掘、发现文献资料。“无征不信”是国学的优良传统。学习国外的新思维、新方法是绝对必要的，但就古代文化研究来说，离开文献资料，任何宏论将只是沙滩上的建筑。吴组缃先生是20世纪30年代就已扬名的小说家，当他转而研究古代小说时，还是从大量占有资料做起。“文革”结束，治学环境改善，我就一头扎到了文献资料的发掘工作中，1982年最冷和最热的时候，我都在上海图书馆古籍部度过（十几年后那里的同志还向我的研究生打听我的近况），利用那里的馆藏和从北京带来的珍本，逐字对勘了30多万字的《儒林外史》，并发掘出“从好斋辑校本”（我定的名）等珍贵文献资料，从而在1984年同时出版了《〈儒林外史〉会校会评本》和《〈儒林外史〉研究资料》二书，并在此基础上继续写出《〈儒林外〉史研究》等书。文献资料的发掘整理只是研究工作的基础性工作，但唯其是基础性的，也许更为其后的研究者所需要，有水平的研究者可以在此基础上升华构建自己的观点和体系。时代思潮发展得很快，而且会越来越快。再过50年，我的《〈儒林外史〉研究》里的许多观点，也许已无人感兴趣，但关于吴敬梓和《儒林外史》的文献资料、汇校汇评的本子，研究者还必须利用。

我发现发掘整理的《儒林外史》文献资料主要有：

1. 发现“黄小田评点”。此评点已湮没一个多世纪，我从四五千条墨批与朱批中考辨出黄小田评点两千多条，整理出版了《〈儒林外史〉黄小田评本》（黄山书社1986年10月初版，后数次印刷），从而弄清了一个长期不解之谜：天目山樵评点与黄小田评点的关系。在整理出版了《〈红楼梦〉黄小田评本》（黄山书社1989年1月初版）之后，使黄小田——中国评点史上唯一的一位同时评点了两部小说巨著的评点家，彰显于世。

2. 发掘出“从好斋辑校本”，并从中辑出“石史评点”“华约渔评点”以及“石史题跋”“王承基信函”“华约渔题记”等资料。

3. 首次对“苏州潘氏清抄本”做了清理和校勘，并从中辑出“潘祖荫评点”等资料。考辨出平步青《小栖霞说稗》中有关《儒林外史》的文字，主要是针对天目山樵评语而发，从而还它以《儒林外史》评批的本来面目。

4. 21世纪初又发现并整理了137条之多的则仙（朱昌鼎）评批。综合上述发现发掘，使《儒林外史》的清代评点从常为人知的三种增至十种之多。辑入《〈儒林外史〉汇校汇评本》（上海古籍出版社2010年再增订版）。

这些发现对于研究《儒林外史》的版本源流、评点沿递、传播过程、社会影响等都有奠基的意义。例如，综合之可知：同治、光绪间，南汇、松江上海周边，有一个热衷于《儒林外史》的文人群体，他们以黄小田为先驱，以天目山樵（张文虎）为中心，以则仙（朱昌鼎）为后劲，成员包括雷谔卿、闵颐生、沈锐卿、朱贡三、杨古酝、艾补园、徐允临（石史）、王承基、华约渔以及金和之子金是珠、黄小田之子黄安谨等。

5. 收集了现存所有清代版本，并加校勘，澄清了该书版本史上的一些悬案，如卧闲草堂本、清江浦注礼阁本、艺古堂本都是同一版本的复印本；过去所谓“苏州书局本”“群玉斋本”实是同一版模的不同版次印本。逐一校勘于《〈儒林外史〉汇校汇评本》中。

6. 发掘并整理了吴敬梓长子吴烺的《杉亭集》手抄本，校点出版了《吴敬梓吴烺诗文合集》（黄山书社1993年7月初版）。

7. 下工夫将吴敬梓全部诗文作品加以系年，出版了《吴敬梓集系年校注》。

8. 《儒林外史》的情节素材，在前贤搜集近30条基础上，汇集增至50多条（见《〈儒林外史〉研究纵览》，天津教育出版社1992年6月初版）。考定《儒林外史》中高翰林的人物原型为郭肇鐄。在研究人物原型与小说的对应关系后提出：小说后半部以杜少卿为中心线索，具有自传体小说的纪历特征（见《〈儒林外史〉研究资料》，上海古籍出版社1984年7月初版、2016年增齐版；《〈儒林外史〉研究》，华东师范大学出版社2001年9月初版）。

1986年我晋升教授时，吴小如先生写下这样的评语：“治红学而重版本材料方面之人，如俞平伯、周汝昌，都是年高德劭学有成就的专家，李汉秋对《儒林外史》的贡献决不下于他们之于《红楼梦》。”

在扎实研究文献文本的基础上，以广阔的视野提出许多观点，推进了《儒林外史》的研究。这方面的评论很多，兹以《光明日报》2001年10月18日C2版上首都师范大学段启明教授评李汉秋《〈儒林外史〉研究》的文章《“三端”相济游刃有余》为斑借窥全豹（“三端”指古人论学谓需具义理、考证、文章三者）：

“义理”方面，充满着文化学的思考，极大地扩展了《外史》研究的视野。主要还是集中在中国传统文化的种种问题。《研究》瞩目于吴敬梓的文化探索，指出吴敬梓是一位“对诸凡原始儒家、道家和魏晋风度、宋明理学、晚明士风、明末清初的实学思潮以及乾隆朝甫兴的经学考据等传统文化都有所涉猎”的文学家，其《外史》中的主要肯定性人物，无不包含了深厚的传统文化的意蕴。对杜少卿性格的分析，从极为广泛的文化渊源上，首次提出了这种性格特点与中国文化史上“魏晋风度”的关系，1981 年发表的《吴敬梓与魏晋风度》得到学术界广泛认同。1998 年初又发表《儒林外史里的儒道互补》，得到国学大师张岱年的高度评价，在讨论虞博士的“虞育德精神”时，与西方资本主义上升时期的“浮士德精神”加以比较，指出了二者的差异，并进而得出结论：“浮士德与虞育德正好分别体现了两种不同的文化精神。”

“考证”方面，文献资料的发掘、梳理和辨析，一向就是汉秋先生治学的优势，“吴敬梓在塑造正面人物形象时，虽然从总体构思出发对原型的性格面貌有所取舍和改造，但往往多保留了原型的基本身世、经历和某些事迹的大致轮廓。从而在写杜少卿和与他相关联的情节里，忠实于原生活的时间顺序，使小说下半部带有某种自传体小说的纪历特色”。第六章“《儒林外史》研究史”也是在文献研究的基础上撰写的，系统阐释了清代以来各个时期《儒林外史》研究的状况、特点和贡献。这一章实可视为关于《外史》研究的第一部专史。

“文章”方面，新在于美学理论的观照。《研究》在分析范进中举时，提出了“笑的多重奏”的观点，即在范进中举前前后后由“明朗的笑”“含泪的笑”和“严冷的笑”组成了“不同音调”的“笑的三重奏”。全部分析，皆以喜剧美学理论为依据，在深入阐释了“丑”“滑稽”“讽刺”等审美理论的基础上，具体分析了“笑的三重奏”。

关于《儒林外史》的专书我已出19种，被国家图书馆馆藏的书已逾60部。获奖中有四个“首届”：1989年个人的“古典小说戏曲多层次教学”获首届国家级全国高等学校优秀教学成果奖，这是我国教育领域唯一等同于国家科技奖的国家级奖励。《〈儒林外史〉会校会评本》获首届（1978—1985年）安徽省社会科学优秀成果一等奖。《〈儒林外史〉黄小田评本》获首届（1978—1986年）全国古籍优秀图书二等奖。1989年获首届安徽省省级优秀教学成果一等奖。因在社会科学研究方面的突出贡献，自1992年起就终身享受国务院特殊津贴。第七届全国人大常委会副委员长、著名历史学家周谷城教授为我的《〈儒林外史〉研究》《〈儒林外史〉鉴赏辞典》题写书名。第八届全国人大常委会副委员长、中国科学院院长卢嘉锡题写楹联称赞 “江汉秋阳通典籍，汉宫秋月谙词章”。人文社会科学界泰斗张岱年教授评价我：“《外史》《红楼》深解味，汉卿实甫真知音。”曹雪芹写《红楼梦》时叹息“谁解其中味”，鲁迅说《儒林外史》的“伟大也要有人懂”，“大吴”先生教诲读《儒林外史》要细细咀嚼不断回味。我如能真“解味”，也不辜负诸位老师的教育，不辜负未名湖的滋润，不辜负 “小吴”先生为我题辞“拓稗官畛域，是文木功臣”“江汉流终古，春秋集大成”。

优秀传统文化涵养心性

上北大，我不是哲学系学生，却有时偷偷地去听冯友兰先生的哲学史课。我上中文系，在游国恩先生的《中国文学史》、魏建功和王力先生的《古代汉语》等课程里知道了：我这“汉秋”来自“江汉秋阳”，而“江汉秋阳” 来自《孟子》中的“江汉以濯之，秋阳以曝之”。这是形象地比喻孔子的伟大，他的教诲，像是春天里的江、汉之水洗涤人，像是秋天和煦温暖的阳光曝晒人。我喜欢我的名字深蕴中华文化的内涵，也喜欢孔子的名言“己所不欲，勿施于人”，把它化为我自己的语言："将心比心，将我比他人。"待人处事，往往来一个"换位思考"，设身处地替人家想一想，于是就能够理解人家，也能够原谅人家、宽容人家，有些疙瘩也会消融。

我虽然没有像卢嘉锡副委员长所鼓励的那样深研孔孟"通典籍"，但研读不少像《汉宫秋》那样优秀的古典文学作品，粗"谙词章"。与吴敬梓的经典小说《儒林外史》相伴几十年，在理性研究的同时，自己的精神世界也受它影响。《儒林外史》不仅如常人所见揭示了知识分子的许多弱点甚至丑陋，其实它有贬也有褒，无论褒贬都有着深厚的民族文化底蕴。它可贵之处在于能够深入到精神文化层面，对人性做深度解剖，对生命意趣做积极探索，这在百代之下仍能触动读者的心灵。在大家熟悉的"范进中举"段落里讽刺了胡屠户的"势利"：对女婿范进，中举前，他肆意轻贱，中举后，他百般谄媚，"现世宝穷鬼"一下子变成"贤婿老爷"。势利眼衡量人的标准是权势和钱财，脸谱随对方地位的变化而变化。吴敬梓对这种人性的弱点一再进行剔肤见骨的解剖，促人警醒。同时褒扬与之相对立的杜少卿的"豪举"：本县王知县传口信想见他，他不去；待到王知县遇挫折，没处住，他却主动请王知县住自己家里。他说："我前日若去拜他，便是奉承本县知县，而今他官已坏了，又没有房子住，我就该照应他。"自觉地反势利之道而行之。他所体现的中国人的做人之道，不知不觉间影响了我，友朋如果升官处旺势，我就不主动去联系；相反，有处弱势者，或离退休了，我就主动去关心，唯恐使退休者感到人走茶凉、使处弱势者感到世态炎凉。

文化的熏陶是整体性的熏陶，潜移默化，润物细无声，润心深无痕，浸润到每个细胞中去，渗透到每滴血液中去；到表现出来时又像呼吸一样自然，化作一种气质、一种风度，于细微处见精神。只有细细地做解剖、分析，"内观"式地做省察、体悟，才能窥视到一丝半缕脉络。我这一生想做的事很多，而能做到的事很有限，想做到而做不到时，难免会出现某种苦涩，这时候《儒林外史》里的“虞博士精神”就会浮现出来，起一些“缓释”作用。虞博士精神之一是“尽人事而听天命”。他确在不断“尽人事”：学举业，学诗文，还要“学两件寻饭吃的本领”——技能，提高自己的生存能力，为此还沿着科举的阶梯一级一级往上考，努力把应当和可能做的都做到位。至于结果达到何种程度，那就听凭客观必然性——“天命”的许可了，他表现得很淡定、很安详。他在这种客观必然性面前，既不是消极地无所作为，又对客观条件的限制持一种旷达的态度，其中包含着顺应必然性而不丧气的自信，能动地适应、遵循自然和社会规律而不作非分之求。对事、对人，能以儒家入世的执着对待事业进展，以道、佛出世的超脱对待人间恩怨，融此中华文化精神，因此他能在自己的精神家园中保持心理的平衡与和谐。

我在不顺遂时也以“谋事在人，成事在天”自解，只要是自己“谋事”尽力了，也就问心无愧对天无憾了。我在受到不公正对待时也以虞博士的胸怀自勉，站在人生高处，笑看人生。锱铢必较、睚眦必报，争一日之短长，实际上很无谓。有同志曾问我：人家那么样对你，你能容得下，从哪里学来的？我在心里暗答：那是中华文化经典之功。

1998年初我发表了《〈儒林外史〉里的儒道互补》，张岱年先生看后在《人民日报》和《光明日报》上热情揄扬，夸赞“写得极好，有重要意义”，说虞博士等人物形象确实“表现了中国传统文化儒道互补的风貌”。在我出版第16本关于《儒林外史》的专书时，岱年先生题签赐联：

外史红楼深解味

汉卿实甫真知音

鲁迅深感《儒林外史》伟大，并慨叹“伟大也要有人懂”。不懂就是不“解味”，30年来我致力于使更多人能解味，能懂得这部小说的伟大。除了写书外，举办学术活动也是推进的办法之一。1954年北京举行“吴敬梓逝世二百周年纪念会”，我赶不上。此后的三次全国性《儒林外史》学术活动都举行于我在安徽大学任教期间：1980年我被选为安徽省古典文学研究会副会长伊始，就倡议并协同有关单位筹办了于次年召开的纪念吴敬梓诞生280周年学术讨论会，那是1954年之后的第一次。1984年在南京召开的纪念吴敬梓逝世230周年学术讨论会上，成立了中国儒林外史学会，我被选为副会长兼秘书长。1986年当全椒吴敬梓纪念馆建成之际，中国儒林外史学会与全椒合作举办了新时期第三次全国《儒林外史》学术讨论会。1989年我调北京工作，希冀北京再办起纪念吴敬梓的活动。2001年是李白诞生1300周年、苏东坡逝世900周年、吴敬梓诞生300周年，在北京，唯独吴敬梓，由全国政协、文化部、中国作协联合主办了纪念大会，由中国社科院主办了学术讨论会。安徽大学及全椒滁州都举办全国性的活动。我心想，我总算为《儒林外史》尽了些微薄之力。

1994年春花烂漫的宁波城，在中国农工民主党全国组织工作会议会所，突然出现高鼻子、蓝眼睛的白种人。民主党派是不在国外发展党员的，与会代表诧异地笑问：难道我们农工党发展到欧洲去了？——原来这是专程追踪来找我的瑞士苏黎世大学研究中国文学的学者罗兰·奥登勃格，汉名安如峦。

说起这万里追踪，还真曲折不易。1994年春的全国政协大会期间，我忙得不亦乐乎。3月8日《光明日报》发表了我的关于编写《新三字经》的建议，各界反应之热烈出我意料。纷纷来电中有位张玮女士更是意外。当她知道接电话的是我，高兴极了，激动地说，她是苏黎世大学安如峦的华裔妻子。安如峦研究中国小说，读了我的《〈儒林外史〉汇校汇评本》《〈儒林外史〉研究资料》等书，倾慕之至，渴望见我。她趁回华探亲之便到处找我。先找到安徽大学，那里的人说已调到民主党派中央，大约是民革。再找到民革中央，还好那里的人知道我是农工党中央宣传部部长。于是找到农工党，那里的人回答说去开全国政协大会，住处不清楚。于是再找到全国政协大会秘书处，这才终于打听到我的电话，终于找到我了。经过这么多周折总算联系上，怎能不让她兴奋！她赶快报告瑞士，4月初安如峦从苏黎世来华，先找到杭州，又连夜赶到宁波，见面时紧紧握住我的手，极道渴慕之殷，第二天做竟日之谈，并代表该校东亚研究所汉学部负责人约我同他们合作。像这样来访的国外学者已不下两位数。大凡他们研究《儒林外史》，都要寻觅我的书。1986年我的《〈儒林外史〉黄小田评本》出版的消息刚传出，意大利驻华使馆就向黄山书社函购一百本，苏联使馆也致函索购。美国加州大学学者遇笑容到我的母校北京大学，通过我的同学找我，我不在京；又到我进修过的南京大学，通过当时的中文系副主任（我的学生）找我的书。莫斯科大学华克生（汉名）教授购得我的书，素不相识特来函称赞："佳作，妙哉！"我个人无足道，我的书在国外受注意，说明随着我国国际地位的提高和国际交往的加强，中华灿烂文化，包括吴敬梓的《儒林外史》，日益受到世界的瞩目。这同时又进一步说明，我当初选择研究古典文学的路并没有选错。我国古代文化是光辉灿烂的，研究我国传统文化的事业也是光辉灿烂的，从业的个人是能够为世界做出有益贡献的。

延长生命的愿望是正常人所共有，人到高龄不免考虑"留下些什么"，古人谓人生"三不朽"：立德、立功、立言。我常想，如果我死后50年，还有人像瑞士安如峦、美国遇笑容那样要用我的书，那岂不是在他们中，我的生命延长了50年？

政协委员的广阔文化空间

从1988年起我走进政协大家庭。在原先的书斋学者面前亮出了广阔的文化空间。1989年奉调任中国农工民主党中央宣传部部长，是第七、八、九、十连续四届全国政协委员，在政协，我总不能老讲《儒林外史》吧，我必须“破门而出”，履行政协委员的职责，参与国家的文化建设。建言立论还得从自己有积累的领域着手，于是着重关注传统文化。

在全国政协七届三次大会上

2003年，我向中央有关领导人面陈传统节日的重要性之后，2004年起连续以提案的方式建议清明、端午、中秋三节应放假，2008年已正式被采纳施行；2005年在全国政协第十届第十次常委会上为传统美德“仁义礼智信”扶归正位，2006年在全国政协第十届第四次全体大会上做了《弘扬仁义礼智信》的发言。

岁月悠悠，有人庆幸“生当其时”，有人惋惜“生不逢时”。其实，从历史长河看，每个时代都有自己的历史使命，都有自己的幸与不幸。每个时代的人都可以做出自己的独特贡献，只要你找对了方向、站对了位置。

我们不去怀疑“五四”新文化运动的历史功绩，但站在历史高处回顾，也看出它有历史局限，例如，把中华传统文化笼统地看作旧文化，仿佛只有从西方传来的才是民主科学进步的新文化，并且以二元对立的观念，对中华传统文化采取了偏激的态度，放弃了做创造性运化发展的努力。这种倾向在激进的精英层或主流层，时隐时现或弱或强地影响了好几十年，到“文革”更恶性膨胀，造成文化断裂。进入新时期，我们面临着拨乱反正并进行文化战略调整的历史任务。我在连续四届任全国政协委员期间及其后，有机会跟随国家对传统文化政策的调整，在若干领域亲历了“跨世纪”的大跨越，我个人也由古典文学专家拓展为人文学家，我的后半生都与政协有关。就这点而论也算是“恰逢其时”。所以我说：

我是传统文化大海漾出的一朵浪花，却见证了潮落潮起。

建言献策　尽责履职

政协第七、八届全国委员会

【提案】

道德建设不容忽视

思想道德建设是社会主义精神文明建设的核心并决定其方向。其中，思想教育的重要性，已为各级领导所谙熟。而道德建设的重要性，似乎还有待于加深认识。长期以来，我们提倡“四有”，其中一条就是“有道德”。但是“有道德”应当包含哪些内容，社会主义市场经济应当建立什么样的道德规范，这些却不明确。

道德是一定社会调整人们之间以及个人和社会之间的关系的行为规范的总和。一个社会，除了制定和运用政治、法律规范来约束人们的行为外，还必须辅之以约定俗成、得到社会认同的道德规范来与比较严厉的政治法律规范相配合，这种外在的规范系统内化为人们的道德自觉，使人们逐渐形成一定的信念、习惯、传统，以指导自己的行为。道德修养高的人，“从心所欲而不逾矩”，从必然王国进到了自由王国，成为一定社会的理想人格。我们固然不应过分夸大道德的作用，但也不能以思想政治教育代替道德教育。道德建设是社会主义精神文明建设中不可或缺的有机组成部分，我们必须迅速改变一部分青年不知道德为何物、一部分干部不重视道德教育的现状。

长期的中国封建社会十分重视伦理道德，制定出明确的道德规范，概括为简明易记的几个字，使之家喻户晓，妇孺皆知，把伦理道德意识渗透到社会生活的各个领域、各个层次，做到潜移默化，深入人心。这对于封建秩序的稳定起了无法估量的作用。封建社会道德传统中的糟粕，我们当然要坚决扬弃，决不能让“因袭的重担”阻滞我们前进的步伐。但必须看到，我国的传统道德中确实包含着中华民族在千百年来的劳动和社会交往中积累起来的优良道德传统。我们应当顺应时代的要求，以马克思主义为指导，大力建设社会主义的伦理道德体系。这种伦理道德应当既充分体现社会主义的时代精神，又扎根于民族生活的土壤中，继承中华民族的优秀道德传统，是一种具有中国特色、易于为群众接受的民族伦理道德。中央有关部门最好邀集一些专家，研究制定出简明易记的伦理道德规范，广泛征求意见，作为新伦理道德的基础。

道德建设应当服从并服务于经济建设，与经济建设紧密结合起来进行。越是开放搞活越要加强道德建设，越是发展社会主义市场经济越要加强道德建设。当前道德建设的一个中心课题是如何正确对待金钱。利益驱动的机制有助于积极性的发挥，但要警惕拜金主义的侵蚀。在假冒伪劣商品的泛滥中，就令人痛感道德问题的严重。其实，在商品生产的质量问题里，就包含着生产者的道德意识；在商品的流通领域里，同样到处显现经营者的道德面貌；在市场经济的管理工作中也处处可见管理者的道德水准。只有大力提倡道德建设，才能保证社会主义市场经济的健康发展。

道德教育应当成为经常性的重要内容，渗透到社会生活的各个领域，特别是教育文化当中去。要从娃娃抓起，在幼小的心灵中播下优良的道德种子。要使德与学俱进，大力加强青少年的道德教育，中小学应当增加伦理道德教育的课程和内容。要在各种文化活动中有意识地结合进行道德教育。鼓励社会科学工作者为道德建设著书立说；鼓励作家艺术家编写通俗的道德教育读物，像连环画、故事、曲艺说唱、农村文库等。各种大众传播媒介，特别是广播和电视，应当成为建设社会主义道德的阵地……当然，道德建设是一项深入细致的系统工程，不可能一蹴而就。对于这样一个关乎民族兴衰的百年大计，我们要下决心，持之以恒，深入持久地进行下去，为提高全民族的道德水平而长期不懈地努力。

1992年

社会呼唤传统美德

道德，它不是我们生活中陌生的字眼，是应该引起我们重视的一件大事。

道德建设，特别是如何发扬中华民族传统美德，是长期未得到应有重视的课题。现代文明社会，呼唤着民主与法制建设，也呼唤着道德建设。人们已愈来愈清楚地看到，道德作为调节人与人、人与社会关系的行为规范的准则，是一个文明社会所不可缺少的精神支柱，它与政治、法律规范相辅相成，从自己特有的广泛领域，发挥着后者无法替代的重要作用，成为人际和谐、社会协调、经济发展的必要条件。加强道德建设，作为社会主义精神文明建设题中应有之义，作为提高全民族素质的一项基础工程，已经赫然摆在全社会面前。

随着从计划经济转向社会主义市场经济的“根本性的变革”，社会的伦理道德观念也必然随之发生深刻的变化。我们应当肯定，社会主义市场经济的建立必将对我国的道德建设起积极的推进作用；但也要清醒地看到它的双重效应，如果引导不够，就可能诱发出负面效应。特别是在新旧经济体制转轨时期，社会结构和社会利益正在进行重新调整，本来就不健全的原有道德体系的权威地位在一定程度上发生动摇，与市场经济初期的某种无序状态相伴，人们的行为也出现了某种程度的道德失范状态，拜金主义、享乐主义、极端个人主义的滋长，社会公德水平差，成为人们强烈的心理感受。社会强烈地呼唤道德。为此，建议《团结报》在报纸上就此问题展开研讨。

道德建设是社会系统工程，涉及社会生活的众多方面。社会生活一般可分为公共生活领域、职业生活领域、家庭生活领域，与之相对应的则有社会公德、职业道德、家庭伦理道德。我们可以从这三个具体领域着手，贯串着研讨如何发扬中华民族传统美德、建设社会主义精神文明。

社会公德是社会公共生活的基本准则，包括公共场所道德、公共卫生道德、公共交往道德以及其他公共生活道德，具有全民性、广泛性、普遍性，是对社会成员最基本的道德要求，是提升民品民德的一个基础，也是现代社会的道德基石。社会愈开放，公共生活愈发展，对社会公德的要求愈殷切。它已成为现代文明的一种表征，人的现代化的一种直观展现。历史要求社会公德水平与社会现代化水平同步提高。

职业道德是特定职业范围内的特殊道德要求。中共十四大报告中，除了指出应当“加强社会公德教育”外，还着重强调“各行各业都要重视职业道德建设，逐步形成适合自身特点的职业道德规范，坚决纠正利用职权谋取私利的行业不正之风”。现在社会上有些人，一边对个别行业的不正之风戟手相指，一边却利用自己的职权牟取私利，如此互相效尤，蔓延成灾，行业不正之风已到了非煞不可的时候了！职业道德建设既是对症良药，又是健身补药。通过研讨和宣传，促使职业道德的基本原则（如为人民服务、对社会负责、忠于职守等）深入人心，促进各行各业职业道德的建设。

家庭伦理道德关系到千家万户。在悠久的历史中，中华民族形成了一整套家庭伦理道德规范。在改革开放的今天，我们要继承发扬其中的精华，建立起适应新时代要求的家庭伦理道德规范以优化社会细胞。

我们要通过研讨努力肃清民族道德虚无主义的影响，对中华民族在千百年来的劳动和社会交往中积累起来的民族传统美德的价值取得共识。我们要以马克思主义为指导，逐步建立起与社会发展进步相一致的道德规范，它应当既充分体现新的时代精神，又继承中华民族的传统美德，是具有中国特色的、群众易于接受并便于掌握的民族伦理道德规范。张岱年先生曾提出设想，以公忠、仁爱、信诚、廉耻、礼让、孝慈、勤俭、勇敢、刚直“九德”作为新道德规范（见《道德与文明》1992年第3期）。这算是一家之言，可以引起讨论，集思广益，供权威部门制定新道德规范时做参考。希望通过贵报的研讨和宣传，促进文明健康向上的新道德风尚蔚然成风。

1994年

发展传统美德　建构新道德规范

在1994年春的全国政协会上，我提出加强道德建设和编写新三字经的建议，全国有几十家报刊做了报道，可见舆论界已重视道德建设。现在要进一步讨论如何发展传统美德建构新的道德规范。

传统道德本来就不能简单地等同于旧道德。在历史发展中，失去存在价值的陈旧东西不断被淘汰，有生命力的东西富有绵延性，一代一代流传，成为传统。我们必须看到，我国的传统道德中确实包含着中华民族在千百年来的劳动和社会交往中积累起来的优良道德传统。这种传统美德不仅在历史上为当时的社会发展和进步所需要，成为社会前进的精神力量；在今天，也仍然顽强地存在于人们的意识和潜意识中，成为新道德建设的根基，成为现代化建设的一种精神支持。

历史是不能割裂的，传统是不能中断的，今天的中国是历史的发展的中国，今天我们要建设的新道德只有与人们意识和潜意识中的传统美德相承接，才能成活，才能发展。任何新体系的建立，都必须借助于前人积累的思想材料，离开传统道德材料，是不可能建立起新的道德体系的。我们的任务是使传统与现代接轨，根据现代的需要，发展传统美德，建构新的道德规范。为此我提三点建议：

第一，首先要寻找和发掘传统美德与现代化建设的贴近面，提炼和确认继承点，使传统与现代对接，并且赋予传统美德以新的时代意义，使其在新的历史条件下吸纳时代的新内容从而获得新的生命和发展，成为新道德体系的基础。

传统美德需要继承和发扬的德目很广泛，我举出与我们当前最贴近的几点，建议通过各种方式进行宣传，既可以作为传统美德应当继承的例证，又可以作为发扬的重点。

爱国主义精神和民族气节。这像一条红线贯串于中华民族的历史和优秀文化道德中，成为传统美德的核心。这也是我们今天铸造爱国魂的宝贵基础，是全世界炎黄子孙的精神纽带。

重视整体利益的价值取向。这是传统美德的重要特点。以儒家为代表的传统伦理道德，一贯重视个人、家庭和国家三者之间的关系，强调“天下为公”，强调个体的社会历史责任感，强调以集体（群体）、国家、民族为重，以大局为重，个人要服从整体和克己，必要时要牺牲个人利益和局部利益；同时也承认人的私欲的合理性和理欲统一的价值观。儒家伦理的这一特点，已经在日本等国家和地区的现代化中发挥了积极的作用。

万民富乐的“大同”追求。传统美德强调“济苍生”“济天下”“以天下为己任”“先天下之忧而忧，后天下之乐而乐”“己欲立而立人，己欲达而达人”，以只顾个人的“稻粱谋”为耻，以“大庇天下寒士俱欢颜”为乐。“大同”世界的理想在古代只是一种乌托邦，今天却是一步步在实现的现实和建立在现实基础上的社会主义理想。

崇德重义的人生准则。崇尚道德，讲究人品，是我们的优良传统。在义利观上强调“义然后取”，见利思义，“君子爱财，取之有道”，耻取不义之财。在生死观上强调见义勇为，舍生取义，“生我所欲也，义亦我所欲也；二者不可得兼，舍生而取义者也”。在人际观上强调礼让，“己所不欲，勿施于人”，先人后己，诚信无欺。在发展社会主义市场经济中，这种人生准则的推广，可以抵制唯利是图的拜金主义和见利忘义、坑蒙拐骗。

第二，重点编写一些高质量、多层次的道德教育读物，采用多种手段普遍推广。我正在编写《新三字经》，得到社会的广泛支持和欢迎，这表明了社会的需要，我们要抓住这个机遇，但要防止一哄而起，要有组织有计划地编写高质量的道德读物，并使之成为传世之作，为道德建设这一宏大的基础工程做一些实事。

第三，建构有中国特色的新道德规范体系。道德规范是实存道德现象的科学概括，是道德实践的总结和升华，反过来又对全社会的道德行为起巨大的规范和推动作用。每一成熟的社会形态都重视建构与自己相适应的道德规范。建构符合社会进步要求的新的道德规范，这是提高民族素质的一项基本建设，是铸造中华魂的千秋大业，往往不是一代人能完成的，需要几代人持续不断的努力。但我们不能等待，千里之行，始于足下，我们从现在就要发动和组织广大理论工作者，本着百家争鸣的精神，展开讨论，集思广益，努力在实践的基础上科学地概括出新的道德规范，逐步形成有中国特色的价值观、道德观和行为规范体系。

1994年

以法彰德　以德辅法

法律与道德在健全的社会中是互相衔接、互相配合的。任何社会都需要有约束的机制才能健康地发展，约束机制有两个基本方面：客观的他律和主观的自律。前者主要是法律，后者主要是伦理道德。法律是统治阶级意志的集中体现，而它又是以社会道德为基础的。单一的法治虽然可以使人畏服，但却不能说是健全的。孔子说，依靠刑政，“民”只能“免而无耻”——不敢做坏事却没有知耻之心；依靠道德教育，“民”才能“有耻且格”——有知耻之心而自觉走上正道。法律界限是人的行为的最低界限，越乎此就要犯法受制裁。道德给人悬出行为的理想境界，它是不成文的法律。有道德的行为不违反法律，而不违法的行为不一定符合道德；一般说法律所规范的范围也是道德所规范的范围，而道德所谴责的范围则不全属于法律制裁的范围。道德所调整的对象和作用的范围比法律要广泛得多，具有法治乃至政治所无法替代的作用。新时期以来我们重视了民主和法制建设，走上法治社会之路，这是我国社会文明的一大进展，现在我们又逐渐重视了道德建设，德治的重要意义还需要进一步深入人心。我们应当把道德建设作为社会主义精神文明建没中一个独立的系统工程加以重视，切实抓紧抓好。在政治统帅下，法治、德治双管齐下，以法彰德，以德辅法，实现法治与德治的统一、他律与自律的统一，相辅相成，共襄社会文明。

每种成熟的社会形态都非常重视建构与自己相适应的基本道德规范。新中国成立已经四十多年了，历史正在向我们提出这样的任务：抓紧建设我们自己的基本道德规范。社会主义道德的性质决定，这样的道德规范要以为人民服务为核心，以爱祖国、爱人民、爱劳动、爱科学、爱社会主义为基本要求，同时兼及社会公正、诚实守信等道德原则，能够有力地促进在全社会形成团结互助、平等友爱、共同前进的人际关系。

一种新道德规范的形成需要相当长的过程，但是，千里之行，始于足下，我们要抓住当前的大好机遇，先着手制定道德建设纲要，确定道德规范基本原则和工作部署，同时立刻动员和组织广大伦理工作者和干部，在深入实际调查研究的基础上，本着百家争鸣的精神，开展新道德规范具体方案的大讨论。讨论的过程就是加强道德舆论宣传的过程，道德宣传促进道德实践，从道德实践中再总结、升华出道德规范，经过这样的循环往复，然后由权威部门集思广益，提出新道德规范的方案，颁发试行，使全国公民有一个共同遵守的总的道德行为规范，这是提升全民族素质的一项基本建设，是铸造中华魂的千秋大业。

与此同时，要全面加强社会公德、职业道德、家庭美德建设。社会公德是社会公共生活的基本准则，已经成为现代文明的一种表征，人的现代化的一种直观展现。社会愈开放，公共生活愈发展，对社会公德的要求愈殷切。许多城市相继制定市民文明公约，正是这种历史要求的体现。我们应当因势利导，集各地之共同点，制定以遵纪守法、文明礼貌、爱护公物、助人为乐为基本精神的社会公德规范。

职业道德是特定职业范围内的特殊道德要求。各行各业职业道德的基本精神应当是爱岗敬业、诚实守信、办事公道、服务群众。当前要以国家公务员和企业经营者的职业道德建设为重点，推动各行各业都制定出适合自身特点，符合自身发展的职业道德规范，坚决纠正利用职权牟取私利的行业不正之风。

家庭美德关系到千家万户。在悠久的历史中，中华民族形成了一整套家庭伦理道德规范，我们要继承其中民主性的精华，大力倡导尊老爱幼、夫妻和睦、勤俭持家、邻里团结的家庭美德，优化社会的细胞。

1996年

编制《新三字经》促进童蒙教育

德育要从娃娃抓起。旧时蒙学发达，三字一句的蒙书如《三字经》等，至今不少老者犹能琅琅背诵，可见植心很深，在民族心理、性格、精神的塑造上起过很大作用。我们应当利用这种形式，进行中华民族传统美德的童蒙教育。建议编写《新三字经》。在内容上，根据幼童特点，将道德准则具体化，使之易于理解和遵循，既具有可操作性，又深入浅出地阐发人生哲理、道德箴规。在形式上，通俗生动，言简意赅，齐整押韵，易记易诵。具体做法，可以通过社会途径，集思广益，譬如由某报刊或出版社向全国征稿。征稿本身就是发动群众、广造舆论。评选出来的优秀作品经权威部门修订，成为新时代的“三字经”，颁为儿童道德教育的蒙书，包括作为幼儿园的教材。

1994年

【会议发言】

把弘扬民族文化作为精神文明建设的大事来抓

李鹏总理的政府工作报告提到：要大力弘扬中华民族的优秀文化，这应当作为建设社会主义精神文明的大事来抓。

中华民族创造了光辉灿烂的民族文化，弘扬民族优秀文化是增强民族自尊心和自信心，激发民族自豪感和爱国主义精神的重要法宝。

民族文化是民族精神、民族传统的载体，弘扬民族优秀文化是继承和发扬中华民族的优良道德品格，形成当代中国的民族精神的必要条件。中国人民素来重气节、讲人格，“移情”于自然，就创造了“岁寒三友” 松、竹、梅的形象，越是霜打雪压，越显出坚贞不屈。中国人民识大体、顾大局，在文学艺术中就创造出廉颇、蔺相如“将相和”的佳话。这样的优秀文化遗产，都应当成为我们滋养民族精神的养料。

弘扬民族优秀文化是对民族虚无主义和历史虚无主义的强有力批判。“全盘西化论”者，在经济上用西方的私有制否定我们的公有制，在政治上用西方的多党制否定我们的多党合作制，与之相一致，在文化上他们竭力诋毁民族文化、民族精神，不分青红皂白地把中国人的民族性格诋为阻碍文明发展的“民族劣根性”，把民族文化传统诋为阻碍进步的“封建传统”，盲目鼓吹西方资产阶级以绝对个人主义为核心的意识形态，妄图用它来“重铸民族魂”，为在中国发展资本主义做“启蒙”工作。对这种民族虚无主义和历史虚无主义的斗争，实质上包含着重大的思想政治斗争，我们要用马克思主义的辩证唯物主义和历史唯物主义观点，正确认识民族传统和民族文化，大力弘扬民族优秀文化，发扬爱国主义精神，维护我们民族的尊严，坚持走有中国特色的社会主义道路。

民族文化是世界各地华人、华裔的精神纽带，弘扬民族优秀文化是促进民族认同的重要途径，是增强民族凝聚力的重要力量，是沟通海峡两岸的重要桥梁，在祖国统一大业中可以发挥重要作用。今年2月我到石家庄参加“海峡两岸元曲研讨会”，亲身感受到共同的民族文化大大增强了海峡两岸学者的亲和力，增加了实现祖国统一的愿望和信心。

弘扬民族优秀文化是繁荣和发展社会主义文化的需要。有中国特色的社会主义新文化应当是社会主义内容与民族形式的结合，应当符合中国人民的欣赏习惯。为老百姓所喜闻乐见，这就不能离开民族优秀文化的根基而搞什么“全盘西化”。

民族文化传统也在不断发展、不断前进，我们弘扬民族文化传统应当与发扬革命传统——长征精神、延安精神、铁人精神、雷锋精神结合起来，事实上雷锋精神就是中华民族传统美德与共产主义光辉思想相结合的产物，应当把雷锋精神当作一种民族精神加以发扬光大。我们在加强和改进思想政治工作中，应当注入弘扬民族优秀文化的内容。在各级各类学校教育中，应当有计划地进行民族优秀文化的教育，在青少年的心田里播种下爱国主义和民族自豪感的种子，并让它逐步生根、发芽、茁壮成长。

鉴于目前民族文化论著的出版、民族艺术的演出等方面存在许多困难，希望领导机关要采取特殊的保护政策加以扶持，对于弘扬民族的优秀文化，不能以经济效益为指归，应当从国家民族长远利益的战略高度，把政策倾斜向真正的民族艺术，而不是某些肤浅的单纯娱乐；把政策倾斜向民族文化典籍的整理和研究，而不是某些浅层次、低趣味的“畅销书”。我们的舆论导向也要加以配合。我们的民族文化工作者更应当振奋起民族精神，以民族大业为重，为振兴中华文化做出自己的贡献。

1990年

加强社会主义道德建设

思想道德建设是社会主义精神文明建设的核心。思想政治工作的重要性，各级领导已经引起重视，而社会主义道德的建设，似乎还有待于抓紧。

道德是一定社会调整人们之间以及个人和社会之间的关系的行为规范的总和。一个社会，除了制定和运用政治、法律规范来约束人们的行为外，必然还要辅之以比较温和的道德规范来与比较严厉的政治法律规范相配合，并通过大众传播媒介的舆论导向作用，形成一定的道德氛围，使这种外在的规范系统逐渐内化为人们的道德自觉，使人们逐渐形成一定的信念、习惯、传统，以指导自己的行为。道德规范是无形的法规，道德力量是无声的命令，道德修养高的人，“随心所欲而不逾矩”，从必然王国进到了自由王国，成为一定社会的理想人格。道德水准是一个社会文明程度的标志之一。我们不应当过分夸大道德的作用，但也不应当轻视道德的重要作用。

长期的中国封建社会十分重视伦理道德，把伦理道德意识渗透到社会生活的各个领域、各个层次，甚至把道德说教同因果报应的宗教宣传结合起来，编写了《太上感应篇》那样的通俗读物，普及到没有文化的“愚夫愚妇”中去。这种伦理道德的深入人心，对于封建秩序的稳定起了无法估量的作用。封建社会道德传统中的糟粕，我们当然要坚决扬弃，决不能让这种“因袭的重担”牵制我们前进的步伐。但必须看到，我国的传统道德中确实包含着中华民族在千百年来的劳动和社会交往中积累起来的优良道德传统，我们要分清精华与糟粕，不能采取民族文化虚无主义的态度全盘否定中华民族优秀的道德传统。前一阵社会上对“慧芳现象”的“《渴望》热”，实际上是表现了对民族传统美德的认同，表现了对于建设普通老百姓在日常生活中所遵循的伦理道德规范的渴望。我们应当顺应时代的要求，以马克思主义为指导，大力建设社会主义的伦理道德体系，这种伦理道德既充分体现社会主义的时代精神，又继承中华民族的优秀道德传统，是一种具有中国特色、易于为群众接受的民族伦理道德。

道德建设应当服从并服务于经济建设，与经济建设紧密结合起来进行。越是开放搞活越要加强道德建设，越是发展社会主义的商品经济越要加强道德建设，否则，资本主义的价值观念和“一切向钱看”的意识，会毒化我们的社会风气。在假冒伪劣商品的泛滥中，就痛感到道德的问题严重，连生产治病救人用的药品竟然都昧心作假，见利忘义达到伤天害理的地步！在商品的质量问题里，就包含着生产者的道德意识。越是抓好道德建设就越有利于改革开放，越有利于社会主义商品经济的健康发展。我们应当大力提倡职业道德。在这方面也有一些好的传统可以继承借鉴。譬如，明清时代的商人伦理中就把“诚信”“不欺”放在中心位置上，重然诺而著义声的商贸受到社会舆论的广泛推许，见利忘义之徒则遭到口诛笔伐。各行各业的同业公会也成为道德评判的场所。我们现在的个体户协会、工商业联合会等组织，是不是也可以致力于建设职业道德规范，把建设社会主义精神文明作为自己的一项任务。

道德教育应当成为经常性的重要内容，渗透到社会生活各个领域，特别是教育文化当中去。中小学应当增加道德教育的课程和内容。现在各地办的许多“节”，大多是文化搭台，经济唱戏，应当有意识地结合一些道德教育的内容进去。要鼓励社会科学工作者为道德建设著书立说，鼓励作家艺术家编写通俗的道德教育读物，像连环画、曲艺说唱等。正在陆续出版的中国农村文库也可以增加一些道德教育的作品。各种大众传播媒介，特别是广播和电视，应当成为建设社会主义道德的阵地……总之，我们全社会都要重视起来，行动起来，深入持久地进行社会主义道德建设，提高全民族的思想道德水平。

1992年

道德建设再议

现在，学习雷锋、学习徐洪刚，热潮滚滚，“青年志愿者行动”等义举层见叠出，精神文明建设出现好势头。我们要因势利导，从整体上着眼，从基础工程着手，把道德建设提高到规范化、制度化的新水平。

道德建设，特别是如何发扬中华民族传统美德，是长期未得到应有重视的课题。现代文明社会，呼唤着民主与法制建设，也呼唤着道德建设。人们已愈来愈清楚地看到，道德作为调节人与人、人与社会关系的行为规范的准则，是一个文明社会所不可或缺的精神支柱。它与政治、法律规范相辅相成，从自己特有的广泛领域，发挥着后者无法替代的重要作用，成为人际和谐、社会协调、经济发展的必要条件。加强道德建设，作为社会主义精神文明建设题中应有之义，作为提高全民素质的一项基础工程，已经赫然摆在全社会面前。

随着从计划经济转向社会主义市场经济的“根本性的变革”，社会的伦理道德观念也必然随之发生深刻的变化。我们应当肯定，社会主义市场经济的建立必将对我国的道德建设起积极的推进作用；但也要清醒地看到它的双重效应，如果引导不够，就可能诱发出负面效应。特别是在新旧经济体制转轨时期，社会结构和社会利益正在进行重新调整，本来就不健全的原有道德体系的权威地位在一定程度上发生动摇，与市场经济初期的某种无序状态相伴，人们的行为也出现了某种程度的道德失范状态，拜金主义、享乐主义、个人主义有所滋长，社会公德水平差，成为人们强烈的心理感受。社会强烈地呼唤道德。固然，经济发展不能以道德为尺度，但经济行为不能脱离道德评价，运用道德规范来调节经济行为，正是道德的一项重要功能，也是市场经济健康发展的必然要求。

道德建设是社会系统工程，涉及社会生活的众多方面。社会生活一般可分为公共生活领域、职业生活领域、家庭生活领域，与之相对应的则有社会公德、职业道德、家庭伦理道德。我们可以从这三个具体领域着手，研讨如何发扬中华民族传统美德、道德规范。

社会公德是社会公共生活的基本准则，包括公共场所道德、公共卫生道德、公共交往道德以及其他公共生活道德，具有全民性、广泛性、普遍性，是对社会成员最基本的道德要求，是提升民品民德的一个基础，也是现代社会的道德基石。社会愈开放，公共生活愈发展，对社会公德的要求愈殷切。它已经成为现代文明的一种表征，人的现代化的一种直观展现。历史要求社会公德水平与社会现代化水平同步提高。我国在四个现代化的进程中，几次大力推进社会公德建设，80年代初的“五讲四美”活动，北京举办第十一届亚运会前后开展的文明礼貌、遵守秩序、爱护公物的活动，近来方兴未艾的“共建文明区”活动、“青年志愿者行动”、学习徐洪刚活动等依次而来，《深圳市文明市民评选和奖励办法》《斗门市社会公德三字歌》等纷纷出现，实实在在地体现了建设社会公德的历史要求。我们应当因势利导，通过讨论制定基本的社会公德规范，深入持久地开展宣传教育，使之深入人心，蔚为风气。

职业道德是特定职业范围内的特殊道德要求，中共十四大报告中，除了指出应当“加强社会公德教育”外，还着重强调，“各行各业都要重视职业道德建设，逐步形成适合自身特点的职业道德规范，坚决纠正利用职权谋取私利的行业不正之风”。现在社会上有些人，一边对别行业的不正之风戟手相指，一边却利用自己的职权牟取私利，如此互相效尤，蔓延成灾，行业不正之风已到了非煞不可的时候了！职业道德建设既是对症良药，又是健身补药。通过讨论和宣传，促使职业道德的基本原则（如为人民服务、对社会负责、忠于职守等）深入人心，促进各行各业建立起职业道德的具体规范。例如，干部道德要求廉洁奉公，做人民公仆；商业道德要求公平交易，优质服务；医务道德要求治病救人，救死扶伤；司法道德要求秉公执法，遵纪爱民；教师道德要求热爱学生，诲人不倦；等等。人们有了好的职业道德，整体道德素质必然会提高；培养起高尚的道德人格，就会抵制利用职权谋私利，以至弄虚作假、坑蒙拐骗、敲诈勒索等违法违纪行为。

家庭伦理道德关系到千家万户。在悠久的历史中，中华民族形成了一整套家庭伦理道德规范。在改革开放的今天，我们要继承发扬其中的精华，建立起适应新时代要求的家庭伦理道德规范，以优化社会细胞。在这方面近年也出现许多有意义的尝试。五好家庭评比遍及城乡。天津市河北区制定了《社会主义家庭伦理道德规范》，并开展各种活动大力贯彻，促进了敬老爱幼、夫妻和谐家风的建立。福州师范一附小认为，家庭关系是儿童树立人际关系准则的起点。他们把家庭伦理道德教育作为儿童启蒙教育的立足点，把孝敬父母作为儿童启蒙教育的突破口，取得了初步的效果。

通过讨论要努力肃清民族道德虚无主义的影响，对中华民族在千百年来的劳动和社会交往中积累起来的民族传统美德的价值取得共识。我们要以马克思主义、有中国特色的社会主义理论为指导，逐步建立起与社会发展进步相一致的道德规范，它既充分体现社会主义的时代精神，又继承中华民族的传统美德，是具有中国特色、群众易于接受和便于掌握的民族伦理道德规范。张岱年先生曾提出设想，以公忠、仁爱、信诚、廉耻、礼让、孝慈、勤俭、勇敢、刚直九德，作为新道德规范（见《道德与文明》1992年第3期）。这算是一家之言，希望引起讨论，在集思广益的基础上，由权威部门制定出新道德规范，颁行全国，成为全社会的道德行为准则。这是提高全民族素质的一项基础工程。千里之行，始于足下，我们要下决心，迈出第一步。

1994年

干部道德建设不可忽视

干部的地位决定干部道德在各种职业道德中居首要地位。干部不论职务大小、地位高低，都是代表人民掌握和行使各种权力的。毛泽东同志说过，“县委以上的干部有几十万，国家的命运就掌握在他们的手里”。干部的道德面貌如何，关系到党和国家的路线、方针、政策能否贯彻执行，关系到政府的形象和威信。而且，干部道德对各行各业的职业道德，对整个社会的道德风气，都起着举足轻重的表率作用。对精神文明建设中存在的问题，不要首先去责怪群众，牵牛要牵牛鼻子，道德建设首先要抓干部道德的建设，领导干部更要率先垂范。

中共中央总书记近日要求领导干部要“以高尚的道德情操，为广大党员和干部树立好的榜样”；要“讲正气”；在《领导干部要讲政治》中，要求干部特别是领导干部，要做“一个有道德的人”，“要堂堂正正做人”，“应该自重、自省、自警、自励”。这些都饱含道德意蕴，是对干部的道德要求。

道德从本质上说不是受迫于外在力量的强制，而是由人的内在道德需要所启动的自主、自为、自觉、自愿的行为。道德的基础是人类精神的自律。自重、自省、自警、自励，都是自律精神的表现。按道德的本质，要特别强调通过自觉的道德修养，把外部的道德教育、道德要求转化为内在的道德信念、道德需要，在实践活动中不断唤醒和强化内心的良知和羞耻感、内疚感、荣辱感、义务感，通过道德心理机制，充分珍惜“堂堂正正做人”的道德尊严——自重；经常“反躬内求”，解剖自己，省察自己，“吾日三省吾身”——自省；自觉警惕恶对善、邪对正的侵蚀，防微杜渐，构筑、加强道德上的防线——自警；不懈追求道德理想、完善道德人格——自励。这样才能把保持政治上的坚定性与思想道德上的纯洁性结合起来，经受住执政和改革开放的考验。

加强党风廉政建设和反腐败，是国家政权建设的一项基本任务，关系到一个国家、一个政权的兴衰存亡。这项长期的基本工程，既要有阶段性的专项治理目标，又要有战略上的总体规划；既要治标，又要治本；既要抓紧单项治理，又要注重综合治理；既要惩戒于后，更要防范于前；既要绳以党纪国法，又要借重道德规范；既要加强外部的监督，又要强化内心的自律。治本之道、综合治理、防范于前、自律于中，每每离不开道德。我们在大力推进民主与法制建设的同时，一定要大力加强道德建设，使法律和道德这两大规范，相辅相成，相得益彰，在建设有中国特色的社会主义宏伟事业中发挥应有的作用。

1996年

道德建设的当务之急

中共十四届五中全会的《建议》不仅把加强道德建设提到很重要的位置上，而且提出要形成新的道德规范。为了把提高民族素质的一项基本建设——道德建设抓好，兹提出四点建议：

加强领导，建立起全国性的领导机构和职能系统

该机构可以定名为精神文明建设委员会，由中共中央政治局委员或国务委员以上的领导同志专门负责。下设道德建设司等若干职能部门。

现在，中央和地方在精神文明建设方面没有全国统一的职能机构，职业道德建设有的地方由纠风办公室管，有的地方由工会管，虽然工作都很努力，也取得一定成绩，但毕竟不是专门机构，也不便于统一领导，中央设立领导机构后，地方也设相应的职能机构，可以实现系统指导（领导），更有组织、有计划地把精神文明——道德建设工作抓得更好。

着手建设道德规范

一个社会除了运用政治、法律规范来制约人们的行为之外，还必须建立起道德规范来调节人与人、人与社会之间的关系。道德规范是无形的法规，可以发挥政治、法律规范所无法替代的重要作用。每种成熟的社会形态都非常重视建设与自己相适应的道德规范，它对社会秩序的健全会起无法估量的作用，新中国成立已经四十多年了，历史

正在向我们提出这样的任务：必须抓紧道德规范建设，建立有中国特色的新型道德规范体系。

现在，许多地方制定文明公约，许多行业制定职业守则，许多学校制定行为规范，有的则开展几“要”几“不要”等活动，群体性的道德建设活动方兴未艾，社会的种种道德实践，一方面为建设新道德规范创造了良好的条件，同时也呼唤着尽早有一个统一的公民道德规范出现，以便在全国各地、各业制定各自的道德准则中发挥其基础性和指导性的作用。

我们可以本着百花齐放、百家争鸣的精神提出各种方案，经过充分讨论逐步取得共识，然后由权威部门集中大家的意见，提出新道德规范的方案，颁发全国试行。

制定公民道德建设大纲

建议中央制定一个类似《爱国主义教育实施纲要》那样的《公民道德建设大纲》，提高各级领导对道德建设重要性的认识，并提出具体的工作目标、内容和方式方法，以中央文件下发，要求各地区、各部门制定贯彻落实的措施，推动和指导道德建设的开展。

编写一本全国统一用的《新三字经》

自本人主编的《新三字经》于1994年8月7日见于《光明日报》之后，各地纷起编写新三字经之类的蒙书已不下百种，弄得儿童和家长不知用哪一种好，在某种程度上互相抵消了这种好形式所能发挥的作用。另外，经一年的社会检验也具备了总结经验统编一本更高水平作品的条件。建议由领导部门邀请有影响的有关作者，编写一本集各家之长、具有权威性的新《三字经》推荐给全国，作为对青少年加强道德教育的一项具体措施。

（1995年）

政协第九、十届全国委员会

【提案】

让传统佳节温润民族精神

中华民族历史悠久，传统的岁时年节体系萌芽于先秦时期，成长于秦汉魏晋南北朝时期，定型于隋唐两宋时期，元明清时期又有重大发展。传统年节体系兼顾太阳、月亮与地球、人类的关系，同农耕社会民众的劳逸结合需要相适应，依照自然节奏，适应气候周期的规律，形成时间框架，至今还影响着国人的时间安排和政府的时间管理。据不完全统计，我国目前有全国性、地方性和民族性的传统节日达两百多种，而其中最重要的是农历年（包括除夕和元宵节）、清明节、端午节、中秋节、重阳节“五大节”和七夕节等。

我国长期以来，法定节日与传统节日分立。同现代政治、文化相联系的重要节日定为法定节日，同传统文化相联系的传统节日，仿佛只在农村、在民间自发存活，这种状况亟须改变。

传统节日的存在意义

（一）传统节日是传统文化的结晶和载体

维护传统节日是中华民族确认自己文化身份的需要，是文化自觉的表现。中华民族在几千年的文明传承中形成的传统年节体系，凝结着中华民族的民族文化、民族精神、民族情感，已经成为民族生活、民族灵魂、民族根基的有机组成部分；积淀着中华文化的价值取向和理想追求；凝聚着中华文明的精华，是中国人的自然观、哲学观、伦理观、审美观、爱情观的体现。文化主体性的失落，将意味着民族精神和传统的丧失，意味着民族性的泯灭。过民族节日是民族文化认同的重要仪式和环节。办好这些传统节日，对于弘扬民族文化优秀传统以及寓涵其中的民族精神，具有多方面的积极意义，是今天建设民族的科学的大众的中国特色社会主义文化、培育民族精神所不可或缺的文化资源和基础。

（二）绝好的铸魂途径

传统节日铸造民族魂，不是通过说教灌输，而是让人在亲身经历中感受、养成。从孩提知事开始，就年复一年周而复始地不断受濡染熏陶，不断践履养成。而且是寓教于乐，在欢欢喜喜高高兴兴中接受浸润；在弥漫于全社会的节日氛围中，在生活气息浓郁的群体性活动中，自然而然地受到陶冶。它未必强烈震撼人，却深深嵌入生活，浸入情感，沁入心田，对人的精神和心理产生潜移默化却是刻骨铭心、难以磨灭的影响。成人乃至老人，许多往事已经如烟，而儿时过节的温馨仍珍藏心底，历久不灭。在“中国心”的形成中，这是无法替代、不可或缺的环节。

（三）有利于构建和谐社会

传统节日体现着中华民族的和谐理念。其体系的形成兼顾太阳、月亮、地球的运行规律，包含着天文、气象和物候的知识，体现了适应自然节奏、人与自然和谐的自然观。体现了天人合一、重视阴阳平衡、顺应自然而又有所作为的哲学观。节日活动因时制宜，春节迎新，清明踏青，端午备夏，七夕观景，中秋赏月，重阳玩秋：亲近自然，爱护自然，融入自然，万物共融。同这种自然观相协调，形成人与社会和谐的社会观。在节日里，通过礼节和仪式，营造普天同乐、与人为善的和气人际氛围，骨肉情深、天伦乐融的和睦家庭关系，体现人与人和谐的人际观、伦理观。传统节日所蕴含的和谐理念，是构建社会主义和谐社会应当借助的巨大文化资源。

（四）有利于增强民族凝聚力

“每逢佳节倍思亲”，传统节日是民族生活中的典礼和仪式，是民族情感的黏合剂，其中充盈着亲情情结、敬祖意识、寻根心理、报本观念，最容易唤起对亲人、对家庭、对故乡、对祖国的情感，唤起对民族文化的记忆、对民族精神的认同，唤起同宗同源的民族情、文化同根性的亲和力。办好传统节日，显然有利于培育民族情感、增强民族团结、维系国家统一，有利于加深台海两岸和海内外中华儿女的亲情，有利于祖国统一大业和中华民族的伟大复兴。在台海两岸未实现“三通”的情况下，人们呼吁先实现台湾与大陆直通节日民航包机，就是我们民族节日心理的生动表现。

各大节日的主题

中国年（春节）　是民族文化的大荟萃，其主题是辞旧迎新，因此辞旧岁和迎新年两个方面都需要兼顾到，建议将春节长假往前挪一两天，以便有法定的时间筹办除夕合家团圆吃年夜饭、守岁等民俗活动。元宵节是中国年的“尾声”。

清明节　民俗的两大方面都应有所发展：一方面，祭奠亲人的扫墓活动、祭祀祖先和民族始祖的祭祖活动，可以发展扩及缅怀英杰，包括民族英雄、杰出历史人物、革命先烈；把纪念介子推扩展为纪念英杰，届时组织青少年到当地的英杰陵园或墓地扫墓，到纪念碑、纪念馆、故居、遗迹瞻仰献花，或举行入队、入团、成人礼等各种仪式。另一方面，把传统的踏青郊游和插柳发展到包括植树环保活动在内的人与自然和谐的活动，与植树节相连接。

端午节　至少可以从卫生、体育、文艺三方面发展节俗：可以从原来的送灾驱疫保平安（如蒲剑、艾虎、雄黄酒等）的活动发展为全民的卫生活动，把爱国卫生日设在此日。以举办各种层次、各个地区的龙舟比赛为核心，推动民间群众性的体育活动，激发节日热情。可以从吃粽子、纪念屈原发展为设立诗歌节，推动诗和歌的创作、唱诵。

七夕节　青年人很需要表达爱情的节日，于是被2月份的西方情人节所吸引。其实，中华民族早有自己的情侣节，农历七月七日牛郎织女的爱情，不恋权钱，婚姻自主，坚贞忠实，品味很高。既富民族精神适合中国人的文化心理，又与现代婚恋观念相通。雅典奥运会开幕式请出了希腊神话诸神，北京奥运会开幕式也可以请出中华文化的代表性符号，包括牛郎织女。得天独厚的是，2008年农历七月初七是奥运会开幕前一天，届时我们推出以牛郎织女爱情为主题的文艺活动，请“牛郎织女”光临北京奥运会开幕式，不受男女运动员青睐才怪哩！我们应当及早策划，例如，发行以牛郎织女爱情形象为内容的邮品，制造以牛郎织女为标志的爱情信物纪念品。那时，中国的情侣节文化将随奥运会而传播四方，牛郎织女星将闪耀在北京奥运的星空。

中秋节　是以秋收时节的圆月为中心，展开以祈团圆和庆丰收为特色的节俗。团圆意识是构成中华民族凝聚力的重要思想元素，至今仍是凝聚全世界华人的精神因子。团圆又与和谐紧密相连，团圆不仅是外在躯体的团圆，而且是内在心灵的和谐。在丰收的喜庆气氛中品果、赏月，开展家庭、社区、社团……各个层面，乃至海内外的节庆活动，增进团结，增进和谐。

重阳节 主题是登高、敬老。秋高气爽之际，人们开展登高健身活动，赏菊饮酒，不亦乐乎！1982年联合国第36届大会的第20号决议，提请各成员国各自确定一天为“老人日”。我国于1989年顺理成章地将重阳节定为敬老节。我们应当使敬老尊贤的良风美俗进一步发扬光大。

展望和建议

传统节日也要随生活的发展而发展，要发扬民族传统、充盈民族精神，也要与时俱进，增益时代精神和内涵，要与现代生活方式相适应、相融通，与现代社会的人际交往、社交活动相结合、相渗透，与市场经济、商业营销形成互动，设计出有传统节日特点、不失传统人文意味而人们又乐于接受的商品和服务，为商家提供商机。总之，只有扎根于群众现代生活的土壤，才有生生不息的活力。

重要传统节日，特别是“五大节”，应从制度上确定它们在社会生活中的地位，列入全国性法定节日，并尽可能给予必要的法定假期，以承载丰富的文化活动。

应把传统节日教育纳入国民教育体系，纳入学校教学活动之中，推动民族优秀节日文化进教材、进课堂、进学生头脑。在思想品德、语文、历史等课程设计和教材编写中，介绍五大传统节日的内容。在五大传统节日，开展特色鲜明、内容健康的主题教育活动。

应把庆祝五大传统节日同精神文明创建活动有机结合起来，同社区建设有机结合起来，把过好五大传统节日作为创建文明城市、文明村镇、文明社区、文明行业的有机组成部分。

2005年

纪念关汉卿　实施人文奥运

今年1月30日江泽民主席在北京考察工作，号召要把北京建成“世界历史文化名城和现代化国际大都市”，要围绕筹办2008年奥运会，大力实施“人文奥运”。2008年正是北京的伟大戏剧家关汉卿被定为“世界文化名人”50年、从事戏剧创作750年的时候。他的创作活动和辉煌成就，是北京作为“世界历史文化名城”的不可忽略的重要内容，展示以他为突出代表的元大都文化和中国戏曲文化，是“人文奥运”的一道不可多得的亮丽风景线。鉴于有些筹办工作很费时日，我们建议应当及早筹划纪念活动，并把它纳入筹备奥运会的整体计划中，自觉地、有意识地把它作为实现江主席提出的上述目标的有机组成部分加以落实。为此特提出以下意见：

（一）世界和平理事会定关汉卿为世界文化名人，1958年在世界范围纪念他从事戏剧创作700年。除中国外，当时的苏联等国举行纪念会，并出版了他的部分作品。但总的说，他现存十几种剧本并未广泛译为外文，这与他在世界戏剧史上的位置是很不相称的。建议有关部门做出计划和安排，大力加强向世界的译介工作，使他成为名副其实的世界文化名人，让世界人民更多地了解光辉灿烂的中华文化。

（二）关汉卿是我国文学艺术史上最早最伟大的戏剧家，他的优秀剧作七百多年来一直活跃在舞台上，在南戏、明清传奇、京剧和各种地方戏里不断上演，有丰富的关剧剧目资源。1958年6月28日北京举行隆重的纪念大会，郭沫若报告说，当天全国有一千五百多个剧团用一百多种不同的戏剧形式，上演关剧；单北京就有18个剧团用8种剧种演出10种关剧。那实际上是一次全国性的关汉卿戏剧节。我们应当继承此优良传统，及早做出决定并发出公告，2008年在纪念关汉卿作为世界文化名人50年、从事戏剧创作750年时，举行关汉卿戏剧节，以便于各地、各剧种及早做安排，一方面加工整理传统的关剧剧目，另一方面重新改编关剧或作关剧新编，并投入排演，以优秀关剧剧目迎接关汉卿戏剧节，使之成为民族戏剧的一次盛会，促进中国戏剧的发展和繁荣。

（三）努力以现代传媒发展关剧传播。蒲州梆子《窦娥冤》、京剧《望江亭》、昆剧《单刀会》、评剧《蝴蝶梦》等已拍成电影舞台艺术片，各地也有一些关剧电视片。我们应当有计划地安排制作多剧种、多形式的关剧影视系列片，也可制作关汉卿连续剧，把优秀关剧镶嵌进去。在创作方面，1958年田汉的《关汉卿》是很好的范例，要鼓励当代戏剧家积极投入这项工程。

（四）元大都是当时的国际性大都市，不仅胡汉文化、南北文化在此交融，中外文化也在此广泛交流，独放异彩的大都市文化是北京这座世界历史文化名城的第一次大辉煌。关汉卿是这座文化范围中的奇葩。建议结合实施人文奥运，在现有的元大都遗址公园先建立“关汉卿纪念地”，塑关汉卿铜像、关汉卿戏剧浮雕、元杂剧艺术浮雕等，条件许可最好建立一座元大都文化公园或博物馆。这样就更可以做到，“使城市现代化建设与历史文化遗产浑然一体、交相辉映”。

2002年

建立元大都文化公园

2002年1月30日江泽民主席在北京考察工作，号召要把北京建成“世界历史文化名城”，要围绕筹办2008年奥运会，大力实施“人文奥运”。

元代的大都（北京）是当时的国际性大都市，是北京这座世界历史文化名城的第一次大辉煌。要展示北京“世界历史文化名城”的光彩，必然要展示元大都文化的繁荣。

元杂剧是元代文学艺术的奇葩，代表了一代文学艺术的成就。关汉卿是元杂剧之首，又主要活动在元大都，是元大都文化最杰出的代表，2008年北京举办奥运会时正是他被定为世界文化名人50年、从事戏剧创作750年之时。

北京现有元大都遗址公园，占地面积不小，但缺少内容。建议重新规划，迎接2008年“人文奥运”，把它建成内容丰富的元大都文化公园。

在其中建立“关汉卿纪念地”或“关汉卿戏剧博物馆”，建关汉卿塑像、关汉卿戏剧浮雕、元杂剧艺术浮雕等。

北京正在做城市发展规划，奥运会组委会也正在制定规划。希望将我们此项提案送北京市政府省有关部门如规划办，同时送奥运会组委会。

2002年

提升民俗文化　助兴民族精神

现在，国际上的强势文化通过商业操作席卷而来，我们如果不强固自己的民族精神，就会在精神上无以自立，失去我们“民族赖以生存和发展的精神支撑”。中共十六大把“弘扬和培育民族精神作为文化建设极为重要的任务”，是非常英明的。不仅已有的要“弘扬”，而且还要进一步“培育”——这个提法是值得我们深思的。

民俗文化是民族精神和品格的载体，它渗透在社会生活的各个层面，深入到普通老百姓的精神生活和心理中，是弘扬和培育民族精神的文化资源，也是发展社会主义先进文化的民族根基。这里我只谈谈民俗文化中的信仰民俗和节庆民俗。

我们的宣传思想工作要进一步贴近实际、贴近群众、贴近生活，这就要求我们不仅要提倡主流文化，着力精英文化，而且要重视民间的大众文化。千百万群众千百年来的节庆习俗就紧密联系着群众的实际、群众的生活，这是我们宣传思想工作应当注入的客体，是“三贴近”的重要对象，贴近它们是“三贴近”题中应有之义。

在“左”的思想路线下，春节等传统节庆曾被当作“四旧”加以“扫除”。现在春节放假七天，给春节文化腾出充足的时间和空间，这亟须我们去占领。北京等地的传统庙会搞得红红火火。先恢复，再引导，要注入新内容，创造新形式。电视台的春节晚会就是一种新形式而且已成了新传统。中秋节和春节一样突出“团圆”，从更深广的意义上看，团圆意识是民族凝聚力的一种表现，这是我们民族能够几千年生生不息的一种宝贵精神。重阳节现在发展成为敬老节。清明节是缅怀已逝的先人亲人。端午节在赛龙舟的形式中可以恢复纪念屈原的内涵，这位爱国诗人的精神是值得弘扬的，诗人可以此为诗歌节。现在青年人喜欢过西方的情人节，其实牛郎织女踏鹊桥相会的七月七日完全可以作为中国的情人节，“两情若是久长时，又岂在朝朝暮暮”，“金风玉露一相逢，便胜却人间无数”。历代像这样优美有品位的诗词和民间故事传说很多，比西方情人节有更丰富的民族文化内涵。

我们还可以再形成新的节庆，教师节已形成；3月5日是否可定为志愿者节，集中学习以雷锋为代表的先进模范人物。

对民俗文化，在“保护”的基础上，要排排队，挑选一些民俗精华，设计出引导和推陈出新的方案和计划，有意识地、自觉地使它们与时代精神相结合，激活它们，升华它们，以弘扬和培育民族精神。

2003年

建议定七夕节为中华情侣节

2005年8月11日（七夕节前一天）新华社发表了我的建议，第二天，光是国内中文报纸就有101家采用。各家网站、电视台、电台热闹非凡。当晚我在香港凤凰卫视的直播中说，今天在武夷山有七百七十对情侣登上九曲溪畔的鹊桥。第二天一看才知道，原来不是七百七十对，而是七千七百对！规模之大出人意料。武汉、长沙、石家庄、邢台、江苏……许多地方举办大型活动。关于七夕的手机短信也频频发送。中央电视台4频道将它作为一周大事之一加以评介。延续了两千多年的七夕节眼看就要复兴起来。年底公示的《非物质文化遗产名录》终于将七夕节同春节、清明、端午、中秋、重阳同列为“六大传统节日”。这是对我的又一次鼓舞。我继续宣传写下此文。

节庆属于“文化空间”，都有一定的文化内涵。而文化，是民族的身份证，每个民族的精神文化都有自己的民族特质。为重要人伦关系而设的专题节日，如母亲节、情侣节、教师节等应当有民族的文化内涵，能反映民族心理、民族性格，有利于弘扬和培育民族精神。

仿效重阳——老人节

实施七夕——情侣节

随着世界人口老龄化，倡导尊老敬老需要设立老人节，

> 联合国的做法值得我们体味：它不是把某强势文化的老人节指定为“世界的”老人节要各国追随；1982年第36届联合国大会第20号决议提出，建议各成员国政府自己确定一个日子为自己国家的“老人节”。主题相同，具体日子不同，“和而不同”，尊重各国的不同文化的选择，从而各国有各国自己文化个性的老人节，美国是9月的第一个礼拜日、日本是9月15日、韩国是5月8日、智利是10月15日……不强求“一体化”，这是成功的范例。我国传统节日重阳节本来就蕴含着敬老的内涵，1989年，我国政府决定以重阳节为中国敬老节（老人节），使这一传统佳节又增添了新的内涵，这是发展传统节日和保护非物质文化遗产的范例。照此例，我国的七夕节，本来就有牛郎织女的爱情故事做内涵，顺理成章地可以成为中华情侣节，我们大可不必跟从西方的情人节。

2006年公布的《第一批国家级非物质文化遗产名录》已将七夕节列入最重要的“六大传统节日”。《国家“十一五”时期文化发展规划纲要》也规定要“充分发挥”七夕节等传统民族节庆的作用。如何“发挥”？传统节日也要随时代的发展而发展，发展好才能发挥好。重阳节发展出敬老节，就是成功的范例。七夕节原有的一些习俗和内涵，凡不适应新时代需要的势将被自然淘汰，而能适应新时代需要的，我们应加意予以扶持、培育、发展。

爱情是永恒的题目，情侣夫妻是最基本最重要的人伦关系之一。以牛郎织女为形象代表的七夕情侣节，不是单属未婚情侣，而且涵盖各个年龄段的夫妻情侣。七夕爱情观强调的是婚姻自主而非屈从外力，看重的是人格人品而非权势财富，赞扬的是忠诚坚贞而非轻薄浮浪，追求的是精神高尚而非一时情欲，赞赏的是勤俭持家而非好逸浮华。应当说这是中华民族优良传统的一种表现，而且与时代精神相融通，是现代人应当继承发扬的，是有利于新时代精神文明建设、抵拒不良风气影响的。在建设和谐文化体系的今天，我们应当从传统七夕节所固有的文化蕴涵中，提升出积极健康的爱情观，作为中华情侣节的精神，并创造出适合今日人际交往和社会活动的节庆方式，把传统和时尚融通起来，年复一年地发展出为广大群众所喜欢的七夕中华情侣节。请各级党政职能部门，一方面积极支持、鼓励开展七夕中华情侣节的健康活动；另一方面在适当时机以适当方式宣布七夕节为中华情侣节。

2004年

建议以孔子诞辰日为教师节

节庆日有的是世代相传，我们已无权择日；有的新定节日是由我们自己择日的，就应当考虑这日子是否有历史文化内涵。例如教师节，应当是很有文化内涵的节日，以孔诞做中国教师节是非常合适的。经权威部门共同研究测算，孔子诞生于公元前551年9月28日，这日子也恰当其时，新学年开始时的繁忙已经过去，可以有时间筹办教师节和国庆节。

孔子是中国文化的象征，他在中国文化和教育传统的形成发展中发挥了广泛、持久而深远的影响，被后世奉为"万世师表"。孔子思想是具有强大凝聚力的中华文化的重要组成部分，其博大的教育思想和卓越的教育实践，是中华民族教育精神的集中体现，并不断焕发出新的生命活力。孔子已成为举世公认的人类文明史上最伟大的思想家和教育家之一。美国出版的《名人年鉴手册》列出世界十大思想家，依次排在前头的是：孔子、柏拉图、亚里士多德……1988年1月，世界各国的诺贝尔奖获得者在巴黎开会，会议传出声音说："如果人类要在21世纪生存下去，必须回头二千五百年，去汲取孔子的智慧。"现在连马来西亚和美国加州都已经把孔子诞辰日9月28日定为教师节。世界各国的汉学家纷纷表示希望中国也以孔诞为教师节。2005年9月28日，全球首次联合祭孔活动在世界各地的30多家孔庙同时进行。令人高兴的是，近日联合国教科文组织已决定颁发"孔子教育奖"。对孔子的崇敬表现了对中华文明的尊重。

在孔子的祖国，我们更应当举起这面旗帜，这不仅能增强尊师重教的现实社会意义，而且能体现中国教师节丰富的文化历史内涵。近来我国决定在国外建的汉语学院都称“孔子学院”，福建省人大常委会决定以9月28日孔诞为全省“终身教育日”，中国人民大学以9月份为“孔子文化月”，这些都为以孔诞做教师节做了准备，可以说已经是万事俱备只欠东风了。

2004年

建设单项主题的中华人伦节日

民族精神根植于民族生活的土壤，我们研究民族精神不能不重视民族生活。

人们常用“像过节一样”形容美好日子。儿时过节的愉快情景还时常浮现成人直至老人的脑际。是的，节日是生活长链中闪闪发光的珠宝，是记忆长空中远远闪烁的星光，它未必给人强烈的震撼，却深深嵌入生活、沁入心田，对人的精神和心理产生潜移默化却是刻骨铭心难以磨灭的影响，我们的精神文明建设、思想道德建设不能停留于、满足于政治文化的层面，要做到入心、入脑，就必须深入到精神文化的层面，深入到民族生活的深处，因此我们不能不重视精神生活中的重要节日。

在节日中，我们不能只重视政治性节日，也应当重视传统的民族节日。传统民族节日是民族文化、民族精神的结晶和表征，是承载民族精神与情感的重要载体。我国的传统节日源远流长、绚丽多彩，凝结着中华民族的民族文化、民族精神、民族情感，是联系海内外华人、增进民族团结、维系国家统一的重要仪典。尊重自己的传统节日及民俗文化，是尊重和热爱自己民族的表现。现在许多国家和政府领导人都把尊重华人的春节作为尊重中华民族的表示，就是这个道理。穿过“文革”的废墟，我们已开始恢复民族传统节日，现在更要加意地建设她，使其成为我国节日体系的主干。春节之外，元宵节、清明节、端午节、七夕节、中秋节、重阳节等，都应当认真设计，注入新的文化因素，汰革不适于今的旧习。举个例，依我看，过年给小孩“压岁钱”的旧习就容易助长“重钱轻情”的倾向，还不如像“圣诞老人”那样送孩子最需要、最想要的礼品，让他们体验人间的爱心和温馨。

现在许多年轻人热衷于过西方的节日。过西方的节日势必跟西方的文化走，这意味着民族文化被这部分人所疏远甚至舍弃。世界上因种族屠杀而灭绝的民族并不多，因民族文化消失而消亡的民族却不少，可以说，文化亡则民族亡。中华文明是世界四大古文明中唯一没有中断的文明，我们不能眼睁睁地看着她被自己子孙逐渐罢弃而无动于衷。我们要大声疾呼：传承中华文明，捍卫民族文化！我们绝不排外，对于人类创造的一切文明成果我们都积极汲取，以繁荣和丰富我们的民族文化。有积极意义的国际性节日我们也相当重视，例如三八国际妇女节、五一国际劳动节等，我们应当在其中努力注入我们民族文化的内涵。对于一些中外相类似的节日，我们则不必舍弃自己所固有的而热衷于别人的。

节日繁多，职能部门应联合社会团体、有识之士做一番统盘规划，并逐个做出设计。笔者不揣浅陋先提几条具体建议，以期引起讨论和重视。

以孟母为主要形象代表设立中华母亲节

爱母亲，是人类的一种美好天性，是一切情感的基础。潜在的天性犹如地里的种子，需要适宜的条件才能吐芽、长苗，需要适宜的环境才能茁壮成长。人类美好的感情，包括体验和感受感情的能力，也需要精心、加意地培育才能养成，才能丰富。认真培育感知父母之爱和爱父母之心，其意义绝不限于家庭。“立爱自亲始”，“老吾老以及人之老，幼吾幼以及人之幼”，在父母之爱和爱父母之心的循环往复和反复体验中，人类的爱心在不断滋生、发育，从而辐射到血缘亲情以外的广大领域中去。很难想象一个没有感受过爱、也不知爱父母的人，会知道怎样去爱别人。而没有爱心的人是很可怕的人，这种人什么坏事都干得出来，可以为些微小利而滥杀无辜，可以为微不足道的睚眦而虐杀亲朋。一个没有爱心的社会将是冷漠无情甚至充溢仇恨的社会。

设计好中华“母亲节”，让天下父母心有一个得以彰显、被认真体认的节日，让天下子女心有一个受到唤醒并精致表达的节日，这在不仅重视政治文化层面，而且开始重视精神文化层面的今天，在不仅重视政治性节日，而且开始重视精神性节日的今天，势将被提到议事日程上来。这对于培育爱心和道德情感，对于未成年人教育和家庭美德建设，都是极好的助推器。

美国母亲节，起源于1907年5月，美国费城的安娜·贾伦斯女士在母亲的追悼会上献了一束康乃馨。她认为大家都应当表达对母亲之爱，于是多方呼吁，七年后终于国会提议将每年5月的第二个星期日定为美国的母亲节。

由于我国未有母亲节，一些年轻人开始过美国母亲节，商家也会适时推出一些营销活动。然而这个节日来自异域，缺少中华民族的文化内涵和特定的民族精神底蕴。其实，我国历史上有不少很伟大而且很有影响的母亲：孟子母亲仉氏是最突出的，在孟子三岁丧父后，就担负起教养孟子的全部责任。“孟母三迁”“孟母断织”的故事传颂了两千多年，成为教育子女的母亲典范。我们应当以孟母作为中华母亲节的形象代表，彰显母亲的伟大和伟大的爱，表达和激发作为人子的爱心孝思。

我国历代有许多爱母亲的诗，凝聚着民族的感情，著名的像唐代孟郊的《游子吟》：“慈母手中线，游子身上衣。临行密密缝，意恐迟迟归。谁言寸草心，报得三春晖。”“三春”是生的春季，“三春晖”后来成为母爱的象征。在我国最早的诗歌总集《诗经》里就有许多赞美母亲的诗，像《卫风·伯兮》：“焉得谖草，言树之背。”“谖草”即萱草，古人以为可以“令人忘忧”的一种草，花蕾既供观赏又作蔬菜，称金针菜。“背”指北堂，古为母亲所居处，后因以“萱堂”为母亲或母亲居处的代称，以萱草象征母爱。如孟郊的《游子》诗：“萱草生堂阶，游子行天涯。慈亲倚堂门，不见萱草花。”后来叶梦得的《遣模归按视石林》诗也云：“白发萱堂上，孩儿更共怀。”我们可以继承这个传统，培植萱草及其花蕾作为母亲节的象征物和礼品。到这天，大家手持萱草（花），唱着《常回家看看》，拥在母亲膝下承欢，共享天伦之乐。这样的人间美景，不值得提倡吗?

顺带说中华父亲节，我们传统的重阳节近年已发展为敬老节，可以让她兼负父亲节的任务，定为父亲节。从敬重自己的父亲做起，扩展到敬重为社会付出艰辛的老人，这是顺理成章的事。

以七夕节为中华情侣节

现在年轻人热衷于过西方的情人节，这是在我们没有推定自己民族的情侣节的情况下发生的。其盛行正说明需要，正需要我们推定自己民族的情侣节。

一两千年前中华民族就有了牵牛星、织女星七夕鹊桥相会的神话传说，而且七夕乞巧的民俗流传至今。历代也留下许多优美的文艺作品，像唐朝《长恨歌》的“七月七日长生殿，夜半无人私语时”；宋朝秦观的《鹊桥仙》：“金风玉露一相逢，便胜却人间无数”，“两情若是久长时，又岂在朝朝暮暮”，以及“天阶夜色凉如水，坐看牵牛织女星”，等等，不胜枚举。我们应当推定“西风罢暑”“瓜果堆盘”的七月初七为中华民族的情侣节，这有深厚的民族文化底蕴，有悠久的民俗活动基础，有鲜明的中华民族精神，有利于弘扬和培育民族精神。

此事不必一开始就由“官定”，应当先由民间社团和各种机构、媒体来推动。首先可以由中国民协或其他团体来倡议，各行各业响应。民俗学家可以将七夕乞巧的民俗介绍给公众，文学家可以介绍和创作演绎七夕的作品，美术家可以设计“鹊桥会”等工艺美术品作为过节礼品，音乐家可以将秦观的《鹊桥仙》谱为情侣节歌，商家可以推销适时令的花卉作为赠送礼物……在形成气候之后，由官方推定为情侣节。

在官方推定之前不是放任自流、自生自灭，应当由有关职能部门有计划、有步骤地推进。事关培育民族精神的大计，望有关部门勿弃置不顾。

以孔子诞辰日（9月28日）为中华教师节

节庆日有的是世代相传，我们无权择定，只能因势利导注入新的血液和生命；有的则是随历史的新发展而新形成，我们有选择或重定的可能。教师节就属于后一种。十几年前为提倡尊师重教，选择了新学年开学不久的9月10日为教师节，但未考虑这日子本身原本有无特定的文化内涵，对于弘扬和培育民族精神有无特定的底蕴。这受当时条件的制约，我们无意苛责。历史发展得很快，今天，我们对历久以来成为中华民族“万世师表”的孔子，有了更科学、更客观的认识，恢复他的伟大教育家的历史地位，把他的诞辰日定为教师节，已经有了可能。国家已经拨款几十万元成立中国孔子基金会，该会会长匡亚明说：“孔子不仅是中国而且是人类历史上一位伟大的思想家、政治家和教育家”。他的时间主要用于教育工作，他的教育精神值得我们学习和借鉴，以他的诞辰日为教师节，可以大大丰富教师节的内涵。经权威部门共同研究测算，孔子诞生于公元前551年9月28日，这诞辰日也恰好在每学年开学大忙过了之后不久，可以说比原来刚开学正大忙时的教师节，在时间上也更好。

孔子是中国文化的象征，他在中国文化和教育传统的形成发展中发挥了广泛、持久而深远的影响，被后世奉为“万世师表”，并成为举世公认的人类文明史上最伟大的思想家和教育家之一。美国出版的《名人年鉴手册》列出世界十大思想家依次是：孔子、柏拉图、亚里士多德……1988年1月，世界各国的诺贝尔奖获得者在巴黎开会，会议宣言说：“如果人类要在21世纪生存下去，必须回头二千五百年，去汲取孔子的智慧。”对孔子的崇敬表现了对中华文明的尊重。孔子思想是具有强大凝聚力的中华文化的重要组成部分，其博大的教育思想和卓越的教育实践，是中华民族教育精神的集中体现，并不断焕发出新的生命活力。现在马来西亚、美国加州已经把孔子诞辰9月28日定为教师节。在孔子的祖国，我们更应当举起这面旗帜，这不仅能体现尊师重教的现实社会意义，更能体现中国教师节丰富的文化历史内涵。

2007年

创设中华母亲节

爱母亲，是人类的一种美好天性，是一切情感的基础。潜在的天性犹如地里的种子，需要适宜的条件才能吐芽、长苗，需要适宜的环境才能茁壮成长。人类美好的感情，包括体验和感受感情的能力，也需要精心、加意地培育才能养成，才能丰富。认真培育感知父母之爱和爱父母之心，其意义绝不限于家庭。“立爱自亲始”，“老吾老以及人之老，幼吾幼以及人之幼”，在父母之爱和爱父母之心的回环往复和反复体验中，人类的爱心在不断滋生、发育，从而辐射到血缘亲情以外的广大领域中去。很难想象一个没有感受过爱、也不知爱父母的人，会知道怎样去爱别人。而没有爱心的人是很可怕的人，这种人什么坏事都干得出来，可以为些微小利而滥杀无辜，可以为微不足道的睚眦而杀亲朋。一个没有爱心的社会将是冷漠无情甚至充溢仇恨的社会。

设计好中国的母亲节，让天下父母心有一个得以彰显、被认真体认的节日，让天下子女心有一个受到唤醒并精致表达的节日，在构建和谐社会的今天，应当提到议事日程上来了。这对于未成年人教育、对于家庭的和谐、对于培育爱心和道德情感都是一个极好的助推器。

美国母亲节起源于1907年5月，费城的安娜·贾伦斯女士在母亲的追悼会上献了一束康乃馨。她认为大家都应当表达对母亲之爱，于是多方呼吁设母亲节，先得到地方认同，开展起来后得到国会认同，终于将每年5月的第二个星期日定为美国的母亲节。由于我国未定母亲节，于是有一些人开始过美国的母亲节，商家和媒体也推波助澜。然而这个来自异域的日子缺少中华民族的文化内涵和特定的民族精神底蕴。其实，中华民族是最重视家庭伦理的民族，具有悠久而深厚的孝亲传统，我国历史上有不少很伟大而且很有影响的母亲，孟子母亲仉氏是最突出的一位。在孟子三岁丧父后，她就担负起教养孟子的全部责任。“孟母三迁”“孟母断织”的故事传颂了两千多年，西汉刘向《烈女传》就有翔实记载，宋代《三字经》以童蒙读物广泛传播，她从孩子成长的外部环境到学习的内部规律，都注意到了，终于使孟子成了大器，她自己成为教育子女的母亲典范，是“母教第一人”，至今仍传为懿范。孟母堪可作为中国母亲节的形象代表，用以彰显母亲的伟大和伟大的母爱，激发作为人子的爱心孝思。

生儿育女是为人母之始，以孟母为旗帜的中国母亲节应定在孟母生孟子之日，因为在这一天仉氏才成为孟母。现在有些孩子过生日只想到自己快乐；而在传统美德中生日应当感激母恩，因此称生日为“母难日”或径称“母难”。既然孟子生日定为公众的母亲节，那么，每个人的生日就应是每个人自己的母亲节。生日，在庆祝自己出生的同时应感激母恩、感谢母爱。

孟子的生日是哪一天呢？2003年我提出这一创意时尚未有着落。近日骆承烈、王殿卿教授等了解到孟子故里山东邹城有历代相传的孟子纪念日，而且在台湾孟子后裔所藏明万历本《三迁志》等文献中找到相应的依据。孟子的生日是周历四月初二，按夏历应是二月初二。在十月下旬举行的“第二届儒家伦理与东亚地区公民道德教育论坛”上，海内外学者纷纷表示热烈赞同以此日为中国母亲节，并将联名发出倡议。许多学者和干部表示，美国的母亲节是由费城一个地方先搞起来的，明年我们也不妨从几个地方先搞起来，只要实践证明有利于建设和谐社会，就会逐渐形成气候，蔚为大节。

我国历代有许多爱母亲的诗，凝聚着民族的感情，著名的像唐代孟郊的《游子吟》：“慈母手中线，游子身上衣。临行密密缝，意恐迟迟归。谁言寸草心，报得三春晖。”“三春晖”后来成为母爱的象征。在我国最早的诗歌总集《诗经》里就有许多赞美母亲的诗，像《卫风·伯兮》，“焉得谖草，言树之背”，“谖草”即萱草，古人以为可以“令人忘忧”的一种草，花蕾既供观赏又作蔬菜，称金针菜。后世以“萱堂”为母亲或母亲居处的代称，以萱草象征母爱。如孟郊的《游子》诗：“萱草生堂阶，游子行天涯。慈亲倚堂门，不见萱草花。”我们可以继承这个传统，培植萱草及其花蕾作为母亲节的象征物和礼品。到这天，大家手持萱草（花），唱着《常回家看看》，拥在母亲膝下承欢，共享天伦之乐。这样的人间美景，不值得提倡吗?

2007年

重阳节叠加中华父亲节的倡议书

随着世界人口老龄化，倡导尊老敬老需要设立老人节，联合国的做法值得我们体味：它不是把某强势文化的老人节指定为“世界的”老人节要各国追随；1982年第36届联合国大会第20号决议提出，建议各成员国政府自己确定一个日子为自己国家的“老人节”。主题相同，具体日子不同，“和而不同”，尊重各国的不同文化的选择，从而各国有各国自己文化个性的老人节：美国是9月的第一个礼拜日、日本是9月15日、智利是10月15日……（多在秋季）。不强求“一体化”，这是成功的范例。1989年，我国政府决定以本来就蕴含着惜老敬老内涵的重阳节为中国敬老节（老人节），使这一传统佳节又增添了新的内涵。这是发展传统节日和保护非物质文化遗产的范例。

2010年中宣部、中央文明办、文化部、教育部等中央七部委《关于深化“我们的节日”主题活动的方案》说：重阳节应突出“敬老孝亲的主题”。重阳节是中华敬老节，又孝亲，可以同时是中华父亲节。中华民族讲究“老吾老以及人之老”，从敬自己的老人开始，把爱心推及敬别人的老人。重阳节敬老，应从敬自己的父、祖辈开始，每个人、每个家庭都参与，这样，敬老节才能更好调动群众积极性、落实到每个家庭。

古人以奇数为阳数，偶数为阴数；天为阳，地为阴；男为阳，女为阴。九是最大的阳数。“重阳”阳气最盛，所以也适宜做父亲节。

古籍记有黄帝于九月九日驭黄龙上天的传说，从汉代以来，人们便在这一天祭祀黄帝。黄帝，是我国悠久历史中由母系社会进入父系社会的代表，把重阳祭黄帝的这一天，作为中华的父亲节，不正是顺理成章吗?

对于一个民族来说，周而复始的重要人伦节日，可以加深对自己文化的体验和认同，进而成为全民族的“文化记忆”。当我们未设中华母亲节、父亲节、情侣节时，此类主题的洋节就已乘虚而入。如果听之任之，这些来自异质文化的符号，将会成为这一代人的“文化记忆”而使其淡忘了自己的文化身份。如果再不设我们自己的中华父亲节，就会有越来越多的人跟着“认美作父”误将美国父亲节当作中国父亲节；而当我们春天过中华母亲节、重阳过中华父亲节、七夕过中华情侣节之时，我们已经承担起延续中华文化记忆的历史重托。为此我们郑重倡议：以重阳敬老节兼中华父亲节，把中华民族敬老孝亲的优良传统发扬光大。

2010年以来已有以下文化人发起倡议（排名不分先后）：

李汉秋（第七至十届全国政协委员、中国民协节庆委员会主任）、张希清（中华炎黄文化研究会常务副会长）、糜振玉（中将、军事科学院原副院长）、张炯（中国社科院荣誉学部委员、中国作家协会名誉副主席）、金坚范（中华文化促进会驻会副主席）、王晓秋（全国政协委员、北大教授）、董良翚（全国政协委员、董必武之女）、周桂钿（国际儒学院常务副院长、北京师范大学哲学系原主任）、舒乙（中央文史馆馆员、老舍之子）、张皎（全国政协委员、民建中央秘书长）、崔玉晶（德源燃气集团董事长）、高宝霖（中国民协节庆委员会副主任）、傅永吉、任宝菊（北京东方道德研究所副研究员）、骆承烈（著名国学家、曲阜师大教授）、陈瑛（中国伦理学会前会长）、曹保明（中国民协副主席）等。新华社、光明日报等中央媒体做了报道，获得广泛支持。

发起单位：中华炎黄文化研究会、中国民协节庆委员会、河南省黄帝故里建设基金会、吉林省民间文艺家协会、北京东方道德研究所等。

2007年

附：

传统节日仍需努力

传统节日仍需努力

2007年12月14日，国务院总理温家宝签署了第513号国务院令，对《全国年节及纪念日放假办法》进行修改，取消原有的“五一长假”，将春节以外的清明节、端午节、中秋节纳入国家法定节假日里。

此前，国家法定节假日调整方案草案已经在新华网、人民网、国家发改委和新浪、搜狐等网站上公布了一个月。从投票结果来看，近九成网民支持国家法定节假日总天数由10天增加到11天，七成多的网民支持增加清明、端午、中秋三个传统节日为国家法定节假日。

在这个草案公布前，山东省潍坊市政府在全国首开先河，将中秋节前的周六与中秋工作日进行对调，让潍坊市的老百姓能够享受一天的中秋节。这个举措出台后，不仅当地老百姓欢迎，在全国也赢得一片叫好声。

最终，政府尊重民意遂民心，将清明节、端午节、中秋节纳入国家法定节假日内。这是新中国成立以来首次将中国人的传统节日纳入国家法定节假日。从2008年起，中国人的法定节假日将从往年的10天调整为11天。

对此，一直推动传统节日回归的“推手”、全国政协委员、中国民间文艺家协会节庆委员会主任李汉秋教授表示：“传统节日是中华民族文化的活的现象、活的形态。弘扬传统文化，首先就应该重视传统节日，我希望七夕节、重阳节、元宵节也能够成为国家法定节假日的一部分。”

传统节日“回归”的推手

从2003年起，李汉秋就开始推动传统节日列入国家法定节日，那时他还是农工民主党中央宣传部部长。此前，李汉秋在中国社科院文学研究所和安徽大学中文系从事中国古典文学的教研长达30年。

2003年3月，李汉秋参加了李长春、刘云山主持的一个座谈会。在发言中，他向两位负责意识形态的领导人建议，重视七夕节等民族传统节日在精神文明建设、思想道德建设中的作用。

“我认为，不能只重视政治性节日，也应当重视传统的民族节日，它是民族精神和民族情感的重要载体，是联系海内外华人、增进民族团结、维系国家统一的重要仪典，尊重自己的传统节日及民俗文化，是尊重和热爱自己民族的表现。现在许多国家和政府领导人都把尊重华人的春节作为尊重中华民族的表示，就是这个道理。”李汉秋说。

2004年3月，“两会”在北京召开。身为全国政协委员的李汉秋递交了“重视传统节日、恢复传统节日的作用”的建议。他的建议引起了中央有关领导的重视，也引起社会热议。由《中国青年报》社会调查中心与新浪网合作进行的一项调查表明，高达86％的投票者认为，中秋节应该放假一天。

后来，国务院有关部门给李汉秋和参与签名的政协委员回了信，委婉地表示节假日要统筹考虑国家社会经济发展的要求和社会承受能力。李汉秋没有因此放弃，他的建议被广泛传播，得到了舆论界的支持和公众的欢迎。后来国务院有关方面的回复大意是：肯定民族节日对于弘扬民族的优秀文化，对于构建温馨和谐的社会环境具有积极意义，将积极考虑建议。

李汉秋的意见没有白提，2005年6月21日，中央宣传部、中央文明办、教育部、民政部、文化部联合发出《关于运用传统节日弘扬民族文化的优秀传统的意见》，春节、清明节、端午节、中秋节和重阳节被明确纳入该意见。

不久，中国民间文艺家协会成立节庆委员会，李汉秋出任主任，专门倡导、研究传统节日的意义和作用。这年8月，李汉秋呼吁将传统的七夕节视为中国情侣节，他的建议被新华社播发后，成了媒体关注的焦点话题，各家网站、电视台、电台、报纸纷纷采访。第二天，在福建武夷山，当地组织了七千七百对情侣，登上九曲溪畔的鹊桥度过七夕。

2006年，中央文明办特别邀请李汉秋主持编写《我们的节日》一书，在写这本书的时候，他极力推荐“七夕节”。中央电视台还根据这本书拍了一个7集电视片《我们的节日》，请他专门主讲重阳节。2006年6月，国家第一批非物质文化遗产名录公布，春节、清明节、端午节、七夕节、中秋节、重阳节入选。

李汉秋认为，元宵节也是传统节日里非常重要的一部分，于是他向中央文明办和中央电视台提建议，在《我们的节日》增补元宵节。两家单位接受了他的建议，电视片《我们的节日》专门制作了一集《元宵节》，中央文明办在图书《我们的节日》（学生版）中也单列一节元宵节。

2006年9月，国家公布的《“十一五”文化发展规划纲要》中，已将元宵节和春节、清明节、端午节、七夕节、中秋节、重阳节一起列为“七大节”，纲要表示要“充分发挥春节、元宵节、清明节、端午节、七夕节、中秋节、重阳节等传统民族节庆的作用，增强中华民族凝聚力，促进和谐社会建设”。

国家发改委在11月9日公布了全国法定假日调整方案草案，征求公众意见。12月14日，温家宝总理的国务院令，让李汉秋的梦想成为现实。

节日传统也要与时俱进

“国家恢复了传统节日的法定地位，人人都可以在这些节日里休息，接下来的问题是，面对这中断了几十年的传统节日，我们究竟该如何过呢？”上海一位年轻的白领在她的博客里问。

这还真是一个问题。“这些年，传统节庆的气氛城市不如农村，大城市不如小城市。”为了研究传统节日，李汉秋曾经在春节期间去山西榆次、榆社、左权，在那里他看到正月十五、十六、十七三天里，这三个县各自在县城广场上办元宵灯会和社火会演，来自各乡镇和各部门的表演方队一边表演一边从不同的大街向广场进发，最后集中在广场上比赛，整个县城和周围乡镇的老百姓都赶来了，四周人山人海，非常热闹。他认为这样的过节方式值得借鉴。

在具体的节日设计上，作为节庆委员会的主任，这也是李汉秋近来一直在思考的问题。“传统的节日是民族文化集体记忆，它对构筑民族魂、民族心非常重要，但是现在我们春节、元宵节是怎么过的？大部分人就是看中央电视台的除夕春节晚会和元宵晚会，每年都差不多。我们把它原来的仪式都淡化了。”

在具体的节日上，李汉秋的建议是，保持以前的传统，又要有新的时代特色。在清明节的构想上，李汉秋的想法：“清明节过去都是要到坟前祭祖，到先人墓前烧纸钱、供食品，现在提倡到墓前献鲜花。如果清明节无法赶回亲人的墓前，我们可以在网上设一个灵堂、纪念碑，和现代科技结合起来，这种方式就很好。”

另外，清明正值春耕春种、插柳栽柳的季节，1981年国家出台决议，要求年满11周岁的公民，每人每年义务植树3至5棵，或者完成相应劳动量的育苗、管护和其他绿化任务。李汉秋建议把这项任务纳入清明节，使之发展为包括植树、环保在内的节日活动。

端午节，至少可以从卫生、体育、文艺三方面发展节俗：从原来的送灾驱疫保平安的活动发展为全民的卫生活动，把爱国卫生日设在此日。以举办各种层次、各个地区的龙舟比赛为核心，推动民间群众性的体育活动，激发节日热情。可以从吃粽子、纪念屈原发展为设立诗歌节，推动诗歌的创作、吟诵。

除了这次已纳入国家法定节假日的传统节日外，李汉秋还建议创办三大人伦主题节日，把历史上孟母生孟子那天（农历四月初二）设为中华母亲节；把七夕节设为中华情侣节；现有的教师节应改在孔子诞辰日，注入新内涵。

（原载于《南方周末》综述李汉秋委员的
提案和发言，2008年2月14日）

建设和谐文化要宅心仁爱

当社会基本上处于非对抗性矛盾的状态中，就有条件讲和谐社会了。和谐社会必须有和谐文化为之打下思想基础、提供道德支撑、创造人文环境。

和谐之根植内心

文化结构有由表到里的不同层次，精神文化层居于深层次，是文化的核心部分，关涉价值观、人生观、道德观，关涉精神支柱、信仰。温饱问题基本解决之后，人们的精神需求凸显，精神家园成了迫切需要。2004年统计，由于精神方面问题，全国每年约25万人死于自杀。妥善解决精神安顿，是无法回避的重要课题。精神有了安顿才能实现和谐。我们建设和谐文化，不仅要建设好物质文化层、制度文化层、行为文化层，而且要十分注重深入到精神文化层，建设好以科学信仰为基础的价值体系，充分考虑到科学信仰如何与大众的人生，与常人、常理、常情相融合，与传统美德之根相衔接。在西方和其他许多国家，宗教处于精神文化的核心地位，全世界80%的人有宗教信仰；在传统中国，宗教的功能基本上由哲学体系特别是其中的道德信仰来承担。道德归宿是重要的精神安顿。

道德行为是自律和他律的统一。一个人要遵守道德规范和道德法规，接受公众的道德监督，违者要受到道德谴责和惩处。这种他律，是高尚道德形成的必要条件。但从本质上说，属于意识形态的道德并不是外力强制的结果，它更应是由人的内在需要所启动的自主、自为、自觉、自愿的行为。应当说，道德是人类文明社会发展到一定阶段的必然产物，是使人超越动物之上并使人真正成为人、真正体现自己本质的一种重要社会性存在。道德所追求的是人的本质力量的充分展开，特别是人格力量的强化。每个正常的人都需要社会的道德承认和尊重，并从中看到自我存在的道德价值。谁放弃自己的道德要求，谁就是放弃“堂堂正正”做人的权利。这种道德需求在人的各种层次的需求中居于高层位。马克思把它理解为发展的需要。儒家把它视作人的本质需要和最高价值需要。美国心理学家马斯洛把它视为尊重需要和自我实现需要的主体构成部分，视为高级的人类社会需要。这种高级的需要是道德自律的基础，而自律精神还要通过不断的道德修养来形成，通过自觉的道德修养，把外部的道德义务、道德要求、道德教育转化为内在的道德良心、道德信念、道德需要。在实践活动中，不断唤醒和强化内心的道德良知，逐步形成强烈的道德责任感和自我道德评价能力，在道德良心中反映和遵从道德义务。这种升华了的人格是人所应具备的各种心理素质在主体力量中的有机组合和集中体现。经过长期的修养，道德良心仿佛已经化入人的血液，成为人的本性，犹如呼吸一样自然，不假思索地指挥着、制约着人的一切行为，即使因此而吃亏招损，也不可贬损自己的人格、违背自己的良心。在道德实践中，自重、自省、自警、自励都是道德自律精神的表现。每个人都需要社会对自己的道德承认，这是对人的价值的最重要承认。中国从《左传》以来讲人生价值就讲“三不朽”：立德、立功、立言，把立德摆在价值的首位。古代的教育重视道德教育和德性培养，把个人担当的社会责任与个人道德的自我完成统一起来，强调启发受教育主体的内在道德功能和自觉性，积极效法道德人格楷模，追求崇高的精神境界，自我求取在人伦秩序和宇宙秩序中的和谐。

回顾我国五十多年来的教育，在革命时期突出政治，都只提“政治工作”，改革开放初期提“政治思想”工作，不久，次序改为“思想政治”工作；新世纪以来加上“思想道德”建设。越来越从外在层面深入到精神道德层面。政治的变化快，道德是内在的、深层的。我们合规律地从只重政治教育发展为兼重道德教化。“江山易改，本性难移。”道德教化需要内化到心性中去，才算到位。不仅要有外在的舆论、规范来指导和约束，而且要有内在的主体道德功能和自觉性做根底。通过外在的行为规范养成内在的道德良知、道德理念、人格品性。这样才能入脑入心，牢固扎根，为和谐社会打牢根基。

仁爱为怀建和谐

可以为和谐社会提供道德支撑的核心道德是什么？不同的价值主体肯定会有不同选择。我个人以为，我们现在到了有条件讲和谐文化的时候了，也就到了可以把“仁爱”作为道德信仰的时候了。温家宝总理在美国波士顿发表演说，说“中华民族传统文化有许多珍贵品德”时，首举“仁爱”。2006年4月胡锦涛主席在美国耶鲁大学演讲，谈中华文明时首举尊重人的尊严和价值，“天地之贵，莫贵于人”，不仅提到“亲仁”，而且强调这是中华文明五千多年从未中断的根本原因。这样的文明既影响了历史，也影响了当今，这样的文明作为顺应时代潮流的科学的发展观以其深厚的历史积淀将在中华民族的发展、进步、强大的过程中继续传承。

社会的和谐要有人这个主体的和谐精神做基础，主体人格的和谐精神可以仁爱做基本元素，以仁爱之心对待他人。“爱亲之谓仁”“以孝为仁”，“互敬互爱为仁”“利国之为仁”，等等。孔子把“仁”上升到理论的高度，作为哲学的重要范畴来使用。当一个人

“智”不足，“勇”不刚的时候，只要有一颗仁爱之心，也可以成为受人尊重的人。“仁”既是儒家学说的重要观念，也是传统美德的核心。人有了爱心，有了爱的要求，才能对他人产生友爱，进而施爱，社会就能增加和谐因素，增强和谐精神。在儒家文化的视野里，人这个主体和谐精神的产生，“孝悌”为仁之本、为仁之源，因而人的和谐精神的培养要经历由“孝悌”走向“仁”的逻辑进程。“孝”是尊重父母，“悌”是尊重兄长。按照当时的社会道德观念来看，人类之爱是以血缘关系作为核心的，血缘愈近则爱愈亲。血缘关系以亲情之爱为核心，由此派生出其他道德观念。在孔子看来，亲情之爱是培养“仁”的思想土壤，一个连父母的养育之恩都不报的人是不可能做到“仁”的。同时，作为以群居为特征的人类，仅有亲情是远远不够的，还必须有“博爱”思想，做到“入则孝”，“出则悌”，“谨而信”，“泛爱众而亲仁”（见《论语》）。从而把孝悌之爱推广到整个社会。由此可见，“仁者，人也”，是人之所以为人的根本，是人主体的内在意识。当然，社会教化是使人产生仁的外在途径，从他律的角度看，仁爱精神应当成为教化的纲领和目标之一。其中，最有现实针对性的是把仁爱体现在亲民、爱民上。亲民，就是仁爱人民；亲民，就是与人民和睦相处；亲民，就是要经常“亲近”“亲密”“接近”人民，倾听他们的呼声，了解他们的疾苦，关心他们的痛痒；亲民，就要“苟日新，日日新，又日新”，真诚地洗礼自己，让自己以崭新的面貌出现在人民面前。用当年曾子的话来说就是：“吾日三省吾身：为人谋而不忠乎？与朋友交而不信乎？”“传不习乎？”（见《论语》）

“和为贵”当然是和谐文化的思想资源，但我这里讲的是可以作为人内在道德信仰的基本信念。我们应当唤醒、激活、培育这种价值追求、价值理想。

“仁者，之所以爱人”，是因为在世界万事万物中，人是最宝贵的。人是社会的唯一主体，是万物之灵长，宇宙之精华，是最应当受重视、关心、尊重、爱护的，这是人文精神的核心。我理解：它是对人的价值、人格尊严的尊重，一方面千方百计改善和提高人的生存状态、生存意义和人生境界，另一方面构建高尚的人类价值体系以引导人如何做人。长期的封建社会封建观念就是不把人当人，只重权力不重人；到了资本主义那里是只重金钱不重人，使人异化为物的附庸。要铲除这种人类不自爱的思想恶习可不是一朝一夕之功，在物质生产还不能充分满足人类需要的历史条件下，在人类还不能平等相待的历史条件下，重权不重人、重物不重人、重钱不重人的恶习总会或此或彼地暴露出来。冷漠、缺少爱心，已成为当今的社会病，诸如：因没有谈好价钱，竟然见死不救；睁着眼看着活泼泼的生命被吞噬。面对这种现实，我们应当大力培育人文精神。既然，仁爱是一种博大的爱心、善心、同情心。我们应当把祖先倡导的仁爱精神由亲人推广到所有的人，推广到祖国、人民、人类，推广到宇宙万物。这是个人身与心、人与人、人与社会、人与自然和谐的根基元素，也是现代人文精神的基因。像一首通俗歌曲唱的：“这是心的呼唤，这是爱的奉献——只要人人都献出一点爱，世界将变成美好的人间。”仁爱是社会和谐的催化剂。我们应当进行爱的教育。有仁爱之心做共同的道德信念，就容易营造团结互助、和睦相处的社会风尚。

爱心培育重教化

同紧跟形势的时政教育不同，道德教化要选取植根主体灵魂深处的核心道德，或叫“基德”“母德”，抓住不放，不求立竿见影，务要一代复一代，长期持续地、持之以恒地教化下去。方式方法可与时俱进，核心道德信仰不能常变，不能不连贯，不能一阵风。这样经过长期的努力在全体国民中培育起核心价值观、道德信仰。

不同人群的利益和需求总是有差异的，矛盾是难免的。仁爱之心讲究将心比心，推己及人，“己欲立而立人，己欲达而达人”。“己所不欲，勿施于人。”这样的仁爱心可以成为社会矛盾的精神化解剂。1993年9月世界各国的宗教领袖在美国芝加哥开会通过的《全球伦理宣言》说：“己所不欲，勿施于人”，“这个原则是有数千年历史的宗教和伦理的传统所寻获并持守的”，“这个终极的、绝对的标准，适用于人生各个范畴，家庭和社会，种族、国家和宗教”。基督教讲博爱，佛教讲慈悲，伊斯兰教讲行善惩恶，仁爱都可以与它们沟通。这原则还赫然挂在联合国的总部。这也说明仁爱可以成为沟通不同文化的世界语言。我国社会面临的许多矛盾，仁爱都可以提供良性解决的道义润滑剂，例如搞好慈善事业等社会第三次分配问题、农民工及其子女问题，都需仁爱之心；医患关系、老龄社会、独生子女教育等方面的社会疾患，仁爱之心都可以增强抵御的抗病力和免疫力，并为对症下药的诊疗措施提供道德支撑、精神支持。我们高兴地看到像北京大学爱心社、《人民政协报·慈善周刊》等爱心事业正在日益发展。

西方现代文明突出个体人格精神，同时有基督教传统的博爱等信念，在一定程度上对极端个人主义和极端自由主义倾向起着某种制约作用。而中华传统文明突出的是群体和谐精神，强烈的责任感、仁爱心，更可以与西方文明优势互补，互相整合。1988年初世界各国的诺贝尔奖获奖者从巴黎集会上发出声音：人类要想更好地生存，应向两千五百年前的孔子汲取智慧。1998年在纪念《世界人权宣言》发表50周年时，一个由世界范围内退下来的有影响的政治家组织的“国际行动理事会”，觉得人权宣言在强调个人权利时忽视了人对社会的责任，因而发表了《世界人类责任宣言》，倡议回到东方的孔子，用孔子的思想教育人们对社会负起责任（引自徐显明谈话）。在孔子的祖国，我们有更好的条件继承中华民族传统的仁爱精神，经过现代转换，包括汲取人类文明的进步成果，赋予新的时代内涵，成为和谐文化建设中的道德信仰。此项建言取得认同后，我们可以具体研究各项实践措施，包括在全体公民中，特别在学校中广泛开展仁爱教育。

如北京市教委编的“中华传统美德教育实验用书”把“仁爱待人”专列一课，经过几年的实践，取得了良好的教育效果；北京左家庄二小把 “礼是人之表、诚是人之本、善是人之魂”的仁爱理念贯穿小学教育的始终，逐步形成了“礼诚善”的人文精神培养模式和德育养成思路，为基础教育做出了有益的尝试；南京航空航天大学附属中学等，长期开展仁爱精神的教育，使师生的精神面貌发生了很大变化，积淀和产生了颇具特色的航大附中的校园精神；此外，在大学的通识教育中开设的有利于补充专业基础课的人文课程，从学校教育的主渠道对青少年仁爱精神的培育正在走向规范化和制度化；类似的经验值得总结推广。我们还要力求向全社会辐射，宣传、普及“仁学”，让公民理解仁的基础——求真务实；仁的内容——成己成人；仁的方法——忠恕之道；仁的成就——完美人格，提高全体公民的美德水平。

2006年

建设和谐文化要有战略规划

我们正在建设和谐文化体系，我们正在建设传统美德与时代精神相结合的公民道德体系，我们正在建设民族节日体系，这三者是一致的。

转变观念，提高“和谐”自觉

从某种特定意义上说，我们党已从革命党转变为建设党。与之相适应，我们的观念也要及时转变，斗争哲学应向和谐哲学转变，斗争文化应向和谐文化转变。但观念转变的自觉性往往滞后，因此常常出现许多失误，从治理国家大事到处理地区、单位的事，有人有时还从“以阶级斗争为纲”的观念出发，习惯性地渲染矛盾、激化矛盾，而不是按缓和矛盾、化解矛盾，构建和谐的思路来处理，这样的事例并不罕见。转变观念，提高和谐自觉，这个任务之艰巨不可低估。要改变惯性需要做大量工作。我们要努力建设和谐文化，形成和谐的思维方式、创造和谐的人文环境，为和谐社会打下牢固的思想基础，提供坚实的道德支撑。

发挥传统美德的作用

对传统美德和优秀文化的态度，从过去的否定、弃置，到现在的逐渐重视继承。大家都说“八荣八耻”是传统美德与时代精神的结合。表现在哪里呢？我看不仅在于其中提到“义”和“信”，更重要的是其总体精神植根于中华传统文化和传统美德。这突出表现在“耻”字上。如何唤醒“羞恶之心”，使人知耻，这需要寻求途径、方法、手段，这可以借鉴传统的道德修养方法，运用传统文化的资源。

同基督教国家的罪感文化不同，中国和许多亚洲国家是属于耻感文化，有“羞恶之心”，知耻辱，成为道德的基础和道德行为的驱动力。“恬不知耻”“不以为耻”“无耻”，是很严厉的谴责。现在由于道德观念薄弱，在一部分人中羞耻之心已经麻木了，这是很严重的问题，是道德失范严重程度的标志。胡锦涛同志不仅是从正面提倡“八荣”，而且相对应地指出“八耻”，一方面这很有现实针对性，是治病的金针；另一方面这是对中华耻感文化的继承和发展。知耻是自爱、自尊的表现，是尊重自己道德人格的表现。“道德肯定”是对人的最大肯定，不让自己的道德人格受玷污，就要自己注重修养、修身“自律”，“吾日三省吾身”，这就培育了中华民族优良的“自省思维”，遇到问题要反躬自省，后来发展为自我批评。这就需要内心有一个“道德审判官”——道德良知。现在有些人缺少这种“自省思维”，心中只有诡辩律师，遇到什么事，一味“枪口对外”，从不问自己有没有错，一个劲地想方设法狡辩，能把黑的辩成白的就是“聪明”“能干”。没有道德观念，发展下去就是不知羞耻。如果这样，和谐社会就没有道德根基。

内化到精神文化层

文化结构有由表到里的不同层面，外层和内层要同时抓。越来越深入到内层，从器物文化层、制度文化层深入到精神文化层，这是发展的趋势。关于教育，我们过去都只提“政治教育”；20世纪80年代扩大为“政治思想”教育；20世纪90年代后次序改变为“思想政治”教育，这绝不是偶然的；新世纪以来多提“思想道德”建设。“文革”后先开始重视法律，20世纪90年代后逐渐重视道德。以后可能逐渐也将会重视宗教。过去只分“自然科学”和“社会科学”，现在不仅有“社会科学”而且有“人文科学”了，更重视关于人本身的科学了。过去机械唯物论排斥心理学，现在更重视精神现象、心理现象了。

制度文化层的建设需要抓紧，社会的法律制度、分配制度、保障制度、征信体系、监督机制、赏罚机制等都需要抓紧建设。但停留在制度文化层面是不够的，社会生活有许多方面是无法监督、无法征信、无法制约的。我们要深入到精神文化层面，和谐文化要立足于个体的内在信仰之上，落实于个体的内在德性之中。要从生命的内在本性和内在本质、从生命的终极价值和终极关怀下功夫。这样才能深入人心，打牢根基。“八荣八耻”是顺应这种需要的。

长远战略强化“仁爱”

针对时弊提出当下措施是必要的，摸着石头过河、走一步看一步也是不可避免的，但仅此还不够。要努力考虑得远一些，预计到第二步、第三步。就建设和谐文化而言，我们要选取植根主体灵魂深处的核心道德，或称“基德”“母德”，抓住不放，不求立竿见影，务要一代复一代，持之以恒地教化下去。这种核心道德的教化不能常变，不能不连贯，不能一阵风。经过几代人的努力，在全民族扎下根，这是民族素质的基本建设，也是和谐文化的基本建设。

可以为和谐社会提供道德支撑的核心道德是什么呢？我看“仁爱”可当此任。人与人之间的关系是社会中最基本的关系。人与人的关系是“斗”还是“和”？“斗”的根是“恨”，阶级仇民族恨，属于对抗性的矛盾。“和”的根是“爱”，基于根本利益一致，在根本利益一致的前提下的仁爱，不是“无缘无故的爱”。人与万物都是自然的产儿，“民胞物与”，把爱扩大到自然万物。当然“和”“爱”

不可能自发形成，“和”“爱”从来都是一种文化，需要长期培育。一经形成，便可以成为传统，代代传承。

从现在开始，在很长的历史时期，要大力强化仁爱教化，使之形成传统。

这是以人为本的基础；

这是和谐文化的根基；

这是继承传统的要点；

这是凝聚华人的精神纽带；

这是与不同文化对话的话语。

基督教以爱为核心构建起的道德体系成为西方现代道德和核心理念之一——博爱——的文化母体，其间经过千年的培育。我国从孔子以来的仁爱传统，已有两千多年，绝不能让它中断，应当让仁爱成为普遍的社会心态，形成新的传统，代代发扬。

2007年

【会议发言】

建设体系　安顿精神

有体系才有座标，精神才能找到安顿的位置。

先排出近几十年来关于教育方针和思想工作在提法上变化的两条轨迹：

六七十年代	八九十年代	现　　在
教育为无产阶级政治服务	教育必须为社会主义现代化建设服务	教育为社会主义现代化建设服务，为人民服务
政治挂帅、政治工作	思想政治工作	政治思想工作

在夺取政权的过程中和巩固政权的初期，形势和任务决定了要强调政治斗争、政治工作。进入新时期，我们肩负起全面建设一个健全社会的任务，显然逐渐不停留于单讲政治了，治国的视野应当更广阔，必须更广泛地汲取人类文明创造的一切积极成果。

从世界范围看，人类的文化活动积累了人类自我规范的三大机制：法律、道德、宗教。三大机制互相渗透，综合发挥作用。吃够

“文革”无法无天的亏，“文革”后，很快我们首先着手法制建设。接着，从90年代初开始，一年比一年越来越重视道德建设，直到把依法治国和以德治国相结合定为治国方略。法律和道德这两大机制我们都已经知道重视了。

在世界的许多国家，宗教对人精神世界的影响超过道德。有些杰出科学家却是虔诚宗教徒。宗教主要提供一种精神安顿。我国自孔子以来就不提倡鬼神宗教，但这不等于不重视精神安顿。对于人的精神世界，必须有足够的重视，不能留空隙。温饱无忧以后，精神生活显得越来越重要，在老龄化社会和离退休人群中更加突出。妥善解决精神安顿，是无法回避的重要课题。儒家虽然没有发展为宗教，但却形成一整套思想体系和修养方法，可以替代宗教。在历史上长期对中华民族的精神生活起着主导作用。我们可以有扬弃地从方法上借鉴其历史经验。

建构完整的思想体系

就道德讲道德是难奏效的。儒家，特别是宋朝以后的理学，从宇宙论到伦理学，建构起完整的体系，把“三纲五常”等道德规范上升到本体论上来，上升为宇宙本体和普遍规律，成为“天理”。在“天人合一”的大思想框架（宇宙观、世界观）中，天理体现在人心中就是“性”，规定其为人性的内涵，人体认了这种“性”，就与天道合其德。人的最高存在价值就是体现了天理，成就了道德人格，这成了儒学人生观的核心。“天理良心”成了老百姓的口头禅。儒家道德之所以能如此深入人心，其自身原因首先因为它建立了一个完整的体系，使人在这体系中有明确的位置，有明确的归宿，使人生有了终极目标，精神有了安顿之所。体系就是力量，这一点对我们应有启迪。精神文明，意识形态，是一个大系统，道德是其中的一个子系统，我们应当努力营建一个大系统，道德这个子系统才有支撑。这就应当重视哲学体系的建立。哲学是文化的核心，是世界观和人生观的基础，我们要建构有中国特色的马克思主义哲学体系。哲学中的人生哲学在古代中国特别发达，如何处理人与社会、人与自然、人与他人、人与自我的关系，如何达到天人合一的人生境界，古代哲学留下丰富的思想资料，我们要有扬弃地继承，加以现代改造，建构现代中华民族的人生哲学，这就会成为现代道德的哲学基础。

建构整套修养方法

“修身齐家治国平天下”，由家至国至天下，一切从修身做起。而修身的起点是“诚意正心”，要从根本的心、性修养起。“江山易改，本性难移”，心性是内在的，根本的，修养内化到心性才算修养到家，所以也是修养的目标。这也是古代的改造主观世界。心性不正，学一些政治用语，那只是外在的，只用来修饰门面，这就叫不诚。我们的学习和教育要入脑、入心，也就是要落实到心性上。做到这点，就需要讲究修养。

儒家，特别是理学，有一套精致的修养方法，包括调节情感、心灵体察、意志凝聚、反躬自省，等等，我们可以批判地继承其合理、有效的方法，加以改造，为我所用。刘少奇同志的《论共产党员的修养》就有许多继承。江泽民同志近年来多次强调要加强修养，他提倡的“自重、自省、自警、自励”与儒家提倡的“吾日三省自身”的自省精神和方法，就有明显的承传关系。我们要进一步努力建构一套新的修养方法，才能把精神建设落到实处。

各个方面配套成龙，全面贯彻

文化和教育是精神的重要载体。封建社会从孩童起就接受家训、家教、《三字经》等启蒙教育熏陶。科举制度从科目设置、教科书的选定、科考题目到评卷标准，都严格贯彻统治思想、官方哲学。古代的教育注重教人以德行与智慧，而不只是单纯的知识。它尤其重视道德教育和德性培养，把个人担当的社会责任与个人道德的自我完成统一起来，强调启发受教育主体的内在道德功能和自觉性，积极效法道德人格楷模，追求崇高的精神境界，自我求取在人伦秩序和宇宙秩序中的和谐。文学艺术绝大多数也都渗透着主流意识，成为教化的重要手段。这一套严密的教化体系和配套方法，我们可以借鉴。

儒家也要求官吏首先是人伦的楷模，“其身正，不令而行；其身不正，虽令不行”。强调“诚为本，术为末；诚则人多自附，术则物终不亲”。这是对的。现在社会上有一股风，津津乐道于如何弄权术、耍手腕，介绍名人的“谋略”“智慧”“权术”的书一套一套层出不穷，充斥书摊，有的简直就是改头换面的“厚黑学”，却美其名曰“领导艺术”。干部、政治家，尤重真诚，只有真诚才能取信于民。弄权术可以耍弄人于一时，但“终不亲”——被人民和历史所疏离。文学艺术中曹操“奸雄”形象之遭唾骂，就是明证。舍“诚”逐“术”是“讲正气”所应拒斥的，如果让它占了上风，我们的民族正气就遭侵蚀了。可怕的是受污染的一部分人还总以为自己聪明，笑别人傻瓜。

吸纳不同成分　满足不同需要

儒家极力确立并不断强固自己的主导地位，同时不断吸收其他成分，主要是道家和佛教发展精神生活的丰富经验，探求精神修养的多方面课题与境界，唐以后逐渐形成以儒家为核心、儒道佛三家合流、三位一体的文化共同体。从主导倾向说，儒家是积极入世的，道、佛两家或避世或出世，但道、佛两家宣扬以自我精神解脱为核心的适意人生哲学，可以帮助处在逆境和困境中的士大夫求得精神上的超越和解脱，保持情感和心理的淡泊宁静，成为烦恼和投闲时的精神调节剂，所以在社会上也颇有影响力，满足了一部分人在紧张竞争之余松弛和安顿精神的需要。道家还有一套修心和养生保健的方法，也颇受老年人的青睐。今人客厅常悬诸葛亮的名言：“淡泊以明志，宁静以致远。”近日医学教授洪昭光做保健讲座时还引用明人洪应明的：“荣辱不惊闲看庭前花开花落，去留无意漫观窗外云卷云舒。”引梁启超写给谢冰心的话：“世事沧桑心事定，胸中海岳梦中飞。”这些，其实不无道、禅思想的成分。儒家一方面排斥道、佛出世主义的消极倾向，另一方面也吸纳、改造它们的有益成分以丰富自己，同时又促使它们沿儒家的某些基本方面改造自己以适应主流社会的需要。这种坚持主导文化的主导作用，同时引导多种不同文化成分辅佐的历史经验，也是值得我们借鉴的。

2003年

建构中华民族的现代人文精神

中共中央总书记在庆祝建党80周年大会上的讲话中说：共产主义社会将是“每个人自由而全面发展的社会”。“我们建设有中国特色社会主义……既要着眼于人民现实的物质文化生活需要，同时又要着眼于促进人民素质的提高，也就是要努力促进人的全面发展。这是马克思主义关于建设社会主义新社会的本质要求。”我们要实现全面小康社会目标，必须构建中华民族的现代人文精神。

人文精神，在历史上产生，在历史中发展，在不同的文化、文明里，在历史发展的不同阶段，都各有特点；从不同层面、不同视野去阐发，也往往仁智各见。但人文关怀的核心，我以为应当是：对作为社会主体的人的价值、人格尊严的尊重，对人的解放、自由、发展的追求。

中华文化早有重视人文的悠久传统，人文精神的资源很丰富。孔子的仁学倡导“仁者爱人”，“己所不欲，勿施于人”，“己欲立而立人，己欲达而达人”，表现了对人的关爱，希冀社会的每个人都有所“立”（取得社会所承认的位置和成就）、有所“达”（能够有所发展）。以道家思想为根底的魏晋风度，表现了对个体人格的刻意追求。如此等等本文不能尽举。中华的传统人文精神，有自己的特点，有自己的优长，也有自己的缺陷。总的说是属于农耕社会的文明，必须经过现代改造，才能构建现代人文精神。重要的是，现代人文精神只有与中华民族集体记忆中的传统人文精神相承接，才易于生根成活，易于持久发展；同时才便于将潜藏于中华民族集体记忆中的传统人文精神激活，转化而生成现代的人文精神。

在欧洲，从文艺复兴、经启蒙运动和资产阶级革命，好几百年中发展着人文主义传统，发展得比较成熟充分。他们的传统有他们的特点，同样有他们的优长，也有他们的缺陷。对于人类文明的一切优秀成果，我们都有能力吸收，对西方的现代人文精神也是这样，我们应当汲取其营养，培育现代的中华人文精神。

中国封建社会后期，虽然人文精神薪火相传代不乏人，但从总体上讲，是专制社会，如鲁迅假“狂人”之口所概括，那是“吃人”的社会，是不把人当人、蔑视人的价值、践踏人的尊严、贬损人格、压杀个性的社会。五四新文化运动就是反封建的启蒙运动，五四初期“文学革命者的要求是人性的解放”（鲁迅语），“人的发现，即发展个性……成为五四时期新文学运动的主要目标”（沈雁冰语），五四革命精神饱含着倡扬人文主义的内涵。可惜由于时局的变化和自身的局限，五四张扬的人文主义精神未能持续不断地健康发展。

市场经济和西方思想的负面影响已在乘虚作祟：一些领域，只重金钱不重人；对于人，只重“利用价值”，不知人文关怀；人与人的关系变成赤裸裸的利害关系，部分人面临被金钱异化成“经济动物”的危险。

面对这种局势，20世纪90年代初，我国学术界就展开人文精神的大讨论，近十余年来这一讨论仍络绎不绝。于是我们看到，“人文”话语在社会文化生活中出现的频率越来越高：“以人为本”的口号随处可见；过去只提“哲学社会科学”，现在越来越多地提“人文社会科学”，教育部在全国设了百个人文社会科学基地，连原先的许多工科大学都设置“人文学院”。

各类学校纷纷提出“人文素质教育”“人文德育”“人文管理”“人文校园”……江苏省打出“人文江苏”，呼和浩特铁路局提出春运“人文化”，嘉兴市要培育有自己城市鲜明特色的人文精神……凡此种种说明，人文精神的培养和弘扬已逐渐引起社会的广泛关注，已成为社会主义精神文明建设的有机组成部分，已成为社会主义先进文化的重要内容。特别值得重视的是“人文奥运”理念的提出，这反映了中央决策层对人文精神的重视。尽管“人文奥运”的内涵尚有待阐发，但可以预期的是，这一理念的实践必将大大促进中华人文精神的发展。

人文关怀是马克思主义哲学的一个基本维度。马克思批判地继承了西方人文主义的传统，在《资本论》中指出：社会主义、共产主义是比资本主义“更高级的、以每个人的全面而自由的发展为基本原则的社会形式”。这使人文精神升华到一个崭新的境界。

“人的全面发展”体现出马克思主义哲学关于人的终极关怀的理念，本是马克思主义理论的极其重要的组成部分。过去我们常把人的发展包含于社会发展之中，以为社会发展了每个人也就自然发展了；现在江泽民同志说：“推进人的全面发展，同推进经济、文化的发展和改善人民物质文化生活，是互为前提和基础的。”是相互平行的“两个历史过程”。这就把对人的终极关怀提到空前未有的高度。希望有关领导部门能从这个高度加以重视，在总结以往成果的基础上，制订方略和计划，发动全社会更加自觉地为建构中华民族的现代人文精神而努力。

2003年

以人为本——中华民族的人文精神

去年“两会”时我倡言“建构中华民族的现代人文精神”，今年，中国特色的现代人文精神已越来越明显地露出水面，概括成一个短语就是：以人为本。

近数年，以人为本的提法已随处可见，最近则明确上升为党和国家的重要理念。十六届三中全会通过的《中共中央关于完善社会主义市场经济体制若干问题的决定》在“深化经济体制改革的指导思想和原则”中明确提出：“坚持以人为本，树立全面、协调、可持续的发展观，促进经济社会和人的全面发展。”今年2月以来，它出现的频率就更高了：2月5日，温家宝总理在征求各民主党派中央负责人等对《政府工作报告》（征求意见稿）的意见时总结过去一年的深刻体会说：“坚持以人为本……这是‘三个代表’重要思想最本质的要求。”2月21日温家宝同志在科学发展观专题研究班结业式上讲话指出：“坚持以人为本，这是科学发展观的本质和核心，是坚持立党为公、执政为民的必然要求。”2月23日，中共中央政治局开会讨论《政府工作报告》稿，会议强调要“更加注重以人为本”。可以预期，今年的《政府工作报告》和今后的工作将更加全面地体现以人为本的基本理念。

以人为本首先体现在国与民、执政者与人民群众关系的层面上。我国最早的一部历史文献《尚书》就说：“民惟邦本，本固邦宁。”汉朝贾谊的《新书》，从范围上加以拓宽：“民无不为本也”；在时间上加以延伸："夫民者万世之本也。"三国时陆逊说得明白："国以民为本。"唐太宗贞观二年明确说："国以人为本。"这种民本思想是中国古代治国思想的精华。但在古代的专制制度下，"亲民""保民"只是为了"使民""治民"。"立国为民"只是先进思想家、政治家闪光的思想火花。只有经过后代的民主主义革命，"以民为本""以人为本"才有了崭新的内涵，有了民主的生命。只有社会主义国家，才有代表绝大多数人民利益、为广大人民服务的执政党和作为人民公仆的当政者。胡锦涛总书记号召要"权为民所用，情为民所系，利为民所谋"。温家宝总理说："坚持以人为本，要全心全意为人民谋利益，努力提高人民的物质文化生活水平和健康水平。"

以人为本，不仅体现在"人"与"国"关系的层面上，而且很重要地体现在"人"与"物""人"与"事"关系的层面上。世间万事万物中，人是最宝贵的，人是社会的唯一主体，是最应当被重视、珍视、尊重、爱护的，是高于一切的。以人为本就要尊重人、爱护人，一切从人出发，以人的利益为目标和归宿。以人为本首先要珍爱人的生命，千方百计改善人的生存状态。孔子的仁学就倡导"仁者爱人"，并把仁爱精神由亲人推广到所有的人，"己所不欲，勿施于人"，"己欲立而立人，己欲达而达人"，表现了对人的关爱。古代的人文精神薪火相传，代不乏人。元代关汉卿的《窦娥冤》就鞭笞"人是贱虫"的观念，大声呼吁"人命关天关地"。可是长期的封建社会和封建观念就是不把人当人，到了资本主义那里则是只重金钱不重人，使人异化为物的附庸。要铲除这种人类不自爱的思想恶习可不是一朝一夕之功，在物质生产还不能充分满足人类需要的历史条件下，重物不重人、重钱不重人的恶习总会或此或彼露出头来。

人文关怀是马克思主义哲学的一个基本维度。在庆祝建党80周年大会上中共中央总书记说，共产主义社会将是"每个人自由而全面发展的社会”，“我们建设有中国特色社会主义……既要着眼于人民现实的物质文化生活需要，同时又要……努力促进人的全面发展。这是马克思主义关于建设社会主义新社会的本质要求”。这就在科学社会主义理论基础上把人文精神升华到一个崭新的境界，从而也奠定了以人为本的理论基础。总书记进一步说：“推进人的全面发展，同推进经济、文化的发展和改善人民物质文化生活，是互为前提和基础的”“两个历史过程”，应当同时发展。我们今天提出的科学发展观，就是要把坚持以人为本和实现经济社会全面、协调、可持续发展统一起来。不抓好后者，实现人文关怀就失去物质基础；不注重前者，经济社会的发展就会迷失人文价值取向。我们应当进一步广泛深入地宣传和弘扬以人为本的理念，使它深入人心，家喻户晓。大而言之，它是精神文明建设的核心，政治文明建设的精神基石，物质文明建设的方向和动力。小而言之，社会的每一部门、每一单位都要自觉地以它为价值取向，近日的北京市政府工作报告说得好：人民生命安全高于一切！凡是涉及群众利益的事都要放在第一位。为什么安全事故屡发，重要原因是那里的人缺少生命关怀。我们不能以损害人的生存状态、生存环境为代价来换取经济利益；我们宁可牺牲一点经济利益或物质建设速度，也要确保以人为本的精神不折不扣地贯彻。这里提一点不成熟的意见：目前北京等大城市小汽车的数量激增，已经超出了现有设施的容纳量，造成道路拥堵严重；在居民小区里，小汽车不仅侵占了原有的绿地，而且侵占了人行道，甚至连原来的车道也划出三分之一做停车场，造成居住环境的恶化。为了维护好大多数群众住和行的条件，我们是不是应该忍痛牺牲一点汽车制造业发展的速度?

2004年

唤醒青少年最基本的人文意识

人文精神是立身之本，科学精神是强身之道。切实提高人文素质是当前必须面对的重要课题。人文素质是指通过人文学科的教育和环境的熏陶，并通过人自身的实践和修养，将人文精神内化而涵养成的内在品质和价值观念。它并不是简单的学点历史、学点文学艺术，而是要深一步，通过学习人文知识使大家形成丰厚的文化底蕴、高尚的思想情操、高雅的文化品位、健全的人格品性，促进人的全面发展。

如果说过去的缺点是以政治教育代替全面的人文教育，那么，现在的问题是，实用的功利目的挤压了人文教育。过分看重眼前的功利目的（例如应试、求职、升学率），再好的教育也会被扭曲、变味。

历史课、语文课都经历了被扭曲的厄运。充盈人文乳汁的语文课，被应试教育的标准化试题剥剔得只剩下几根筋。中国的历史书，从《左传》《史记》以降，一直有人物在活动，写出人物的声情笑貌、品德感情，有血有肉的人物在感动人、陶冶人。我上中学的时候，历史老师归纳历史事件的四要素为：原因、经过、结果、影响。在讲“经过”和“结果”的时候充满人物的活动，至今印象还很深。现在有些学校，把历史课当作突击应付考试的课，让学生死记硬背干巴巴的“性质、意义、结论”，把活生生的人文精神资源当作“水分”挤干，为突出应试目的而排挤人文精神教育。

现在，急功近利、浮躁，形成一种社会风气，这是市场经济的负面效应，如果任其蔓延，危害极大。中央已经不断采取措施：倡行素质教育，加强道德建设，弘扬民族精神；从提出“人文奥运”理念，到把“以人为本”提升为执政理念，再到提出构建和谐社会理念，愈来愈增强人文精神。最近，上海市贯彻中央精神，为构建民族精神教育体系，制定了《上海市学生民族精神教育指导纲要》（征求意见稿），致力于培养青少年对中华民族共同历史、文化、生活方式的归属感，对伟大祖国悠久历史和优秀传统的认同感。把这一教育纳入学校教育教学的总体规划，对不同年龄阶段学生有不同要求。小学阶段的要求，包括“了解中国主要传统节日”“了解中国古代伟大发明创造”等。他们提倡，坚持认知教育与实践体验相结合，让学生在情感陶冶中感悟民族精神的精髓。为此，他们还由政府出资，开展青少年民族文化培训系列活动，让学生免费享受民族文化精品资源的教育，开办京昆戏曲、中国书画、民间工艺、中国武术等10个民族文化培训项目，努力形成课内、课外联动的培训网络，建立起促进学生全面发展的素质教育有效机制。

我们祝愿上海的做法获得实效，期盼全国各地都有切实措施加强人文教育，学校更要责无旁贷地进行最基础的人文教育，唤醒最基本的人文意识。

2005年

建立核心价值观：公平、正义、仁爱、和谐

建设社会主义核心价值体系是中共十六届六中全会在思想文化建设上的一个重大理论创新，也是向全国人民提出的一项重大任务。十六届六中全会《决定》的第五部分第一点从四个方面阐发了社会主义核心价值体系的基本内容：第一方面指导思想是马克思主义，第二方面共同理想是中国特色社会主义，第三方面精神动力是民族精神和时代精神，第四方面是社会主义荣辱观，共有七十几个字。

这是前人没有做过的事，是历史上的第一次，所以必然有一个逐步完善和不断发展的过程。从一般说，一个体系总要有个核心，不能四方面内容都是核心。从长远看，作为一个核心价值体系，是不是还可以包括有一个简要明确的核心价值观呢？核心体系要有一个最精练的核，让普通百姓容易懂、容易记。打个比方，一个完整的桃子，最中心的是一个桃核，决定桃的性质；从核长出第二层果肉，现在的四个部分应属于果肉的层面；然后还有外显层面的果皮，如行为规范、具体制度法规等。

现在第一次表述就能提出四个方面的基本内容，这就相当于定好了坐标，搭好了框架，明确了方位。在这基础上再来讨论核心价值观就不容易出偏差。从历史上看，一个核心价值观的形成都有一个很长的历史过程，一方面不断增益、发展，另一方面不断选择、凝练，往往也经历了不同意见的争辩和融会，最后才取得多数的认同和官方的

颁行。现在《决定》没有写出来，说明中央的慎重。我们现在有坚强的领导，大大增强了历史的自觉性，经六中全会《决定》提出，可以大大加快步伐。我们可以主动自觉地先由有关学术团体和媒体开展核心价值观的大讨论。讨论本身就是宣传教育和发动，参与讨论就是参与创建，通过主客体的互动，既是讨论又是宣传，使核心价值理念逐步深入人心。

核心价值一方面是最根本的价值，由它支配和制约其他价值；另一方面是相对恒定持久的价值，不轻易随政局变化而变迁。能进入核心价值观的应是一些比具体的存在状态、政治制度、机制体制都更升华一层的一种观念性的理念、一种理想境界。其实在党政领导人的讲话和文件中，近年逐步提出的一些理念就带有核心价值的性质，很可以集中起来上升成为核心价值观。我试着集中八个字，看看能否作为一种意见参加讨论，八个字四个理念是：公平、正义、仁爱、和谐。

公平、正义

十六届六中全会《决定》第二部分把“公平正义”列入构建社会主义和谐社会的总要求和重要目标。第四部分的标题就是“加强制度建设，保障社会公平正义”，紧接着说：“社会公平正义是社会和谐的基本条件，制度是社会公平正义的根本保证。必须加紧建设对保障社会公平正义具有重大作用的制度。”制度是为了保障公平正义，可见公平正义是价值目标，是核心价值，是社会价值判断的最后准心。公平和正义都是人们追求的一种价值理念，是社会主义本质的内在要求，是社会主义价值体系的核心内容。公平和正义是相关的两个理念，公平的本义是不偏袒，这是正义的重要内容和基础，而正义的内涵和外延显然比公平更广，人们常说正义战胜邪恶，与邪恶相对立的

“正义”的概念就很宽广，可以指公正的、符合真理的道理和一切，因此公平、正义连用含义也很宽广。

仁爱

仁爱主要指爱护人、关心人、尊重人，这是党和政府的文件经常讲的。胡锦涛主席2006年在耶鲁大学演说，讲中华文明首举“尊重人的尊严和价值”，还讲到“亲仁善邻”。温家宝总理在美国波斯顿演说，讲到“中华民族传统文化有许多珍贵品”时，首举的就是“仁爱”。基督教国家讲博爱，中国人讲仁爱。仁爱不仅是重要的核心道德，而且可成为道德信仰和信念，仁爱的关系、仁爱的社会已成为一种价值追求、价值理念，不仅是古代人文精神的核心，而且是现代人文精神的基因。是人与人、人与社会、人与自然和谐的根基元素。社会上已到处讲爱心，我们要广泛开展爱的教育。2007年2月17日，温家宝总理与东北大学学生共度除夕时说：爱是一切道德的基础，“对人民要有真挚的大爱。只有这样，才能成为一个真正的人，一个有道德的人”。

和谐

和谐的理念是中华民族历史长河中长期孕育形成的核心价值、基本价值取向，是一种不懈追求的最高目标。中共十六届四中全会正式提出“构建社会主义和谐社会”的目标，六中全会又专门做出《决定》，指出社会和谐是中国特色社会主义的本质属性，反映了社会主义现代化国家的内在要求，体现了全国各族人民的共同愿望。和谐已理所当然地成为社会主义核心价值体系的内核，成为核心价值，必将成为一种根本和长远的价值取向。

2007年

弘扬传统美德的代表——仁义礼智信

中华民族的新道德必须与中国人意识和潜意识中的传统美德相承接，才能生根成活，才能持续发展。这样做也便于将潜藏于国人心中的传统美德复苏起来，培育起来。

《公民道德建设实施纲要》（以下简称《纲要》）指出："要继承中华民族几千年形成的传统美德。"这是经过几十年、近百年的曲折才总结出来的正确方针。如果再说具体一点，以什么德目代表传统美德呢？我以为，作为整体德目，可以"仁、义、礼、智、信"这"五常"为代表。

两千多年前的战国时期，孟子就提出："恻隐之心，仁也；羞恶之心，义也；恭敬之心，礼也；是非之心，智也。"由此"四心"产生的"四端"是人之常道。西汉时期董仲舒首先把"仁义礼智信"作为整体道德要求概括为"五常之道"，东汉建初四年（公元79年）的白虎观会议后，"仁义礼智信"被官方确定为整体德目"五常"。常者恒也，古人认为其精神可以超越时空而永恒。在宋代，这五常就已被整合成一个整体道德体系，在中华伦理道德体系中一直居于核心地位。五常不仅是五种具体的核心道德项目（德目），成为其他诸多传统美德的"母德""基德"；而且形成并高度概括了中华传统道德的核心价值理念和基本精神。作为中国传统伦理体系中的核心因素，在华夏神州已影响人们两千多年，贯穿中华伦理和中华文化的发展中，成为民族精神的构成元素，成为全世界华人文化的根，是中华文化能发挥凝聚剂作用的重要因素。

据权威部门近日的抽样问卷调查（以“甲”代表）和网上调查（以“乙”代表）显示，仁义礼智信在群众中的知晓率、了解程度、认可程度都比较高：

表示听说过“仁义礼智信”的，甲有71.9%，乙有96.2%；

了解或了解一些其内涵的，甲有78.2%，乙有95.2%；

以其衡量他人道德水平的，甲有68.7%，乙有87%；

以其要求自己的，甲有71.3%，乙有85.8%；

认为弘扬它们有现实意义的，甲有80.7%，乙有91.7%。

这些情况说明，仁义礼智信在当前仍有顽强的生命力，弘扬它们具有广泛的群众基础和社会基础。

道德观念总植根于一定时代的经济和社会基础，总随着时代的发展而发展。传统美德的合理内核包含着具有相当普适性的内容，但也要经过现代转换，才能适合当今新时代而得以传承。而只适合于封建时代的那部分内容，就应当或予改造或予扬弃。仁义礼智信经过我们的现代诠释，不但可以适应现代社会，包括与社会主义市场经济相适应；而且可以对市场经济所诱发的如过分重利等观念和风气，起某种调节和抑制作用。中华传统美德所重视的群体和谐精神，与西方道德文明所突出的个体人格精神，也可以“优势互补”，互相调节整合，这对于制约极端个人主义和极端自由主义倾向，将会起到很好的作用。

我试对仁义礼智信做粗浅的诠释：

仁　仁是中华民族道德精神的象征，孔子倡导“仁者爱人”，并把仁爱由亲人推广到所有的人，“己欲立而立人，己欲达而达人”，仁几乎成为中华民族的共德和恒德，不仅是最基本的、最高的德目，而且是最普遍的德性标准，成为传统道德理念。至今仍称有德者为“仁人”，骂无德者为“不仁”。在中华文化中，仁是人之所以为人的根本特性。以仁为核心形成的古代人文情怀，经过现代改造，可以转化为现代人文精神，成为“以人为本”的精神资源。

义 义者宜也，是合宜、应该的意思，是作为人，应该遵循的最高道义，应该依归的人间正义。把义作为人的根本特点和基本价值取向，是中华道德精神的精蕴。在中华文化中，义是人的立身处世之本，是人之为人的根据，对人生的终极目标和根本价值的思考与追求，体现为对义的思考与追求。义与仁并用为道德的代表：“仁义道德”“仁至义尽”“假仁假义”“杀身成仁”“舍生取义”。义成为一种人生观、人生价值观：“义不容辞”“义无反顾”“见义勇为”“大义凛然”“大义灭亲”“义正辞严”。义是人生的责任和奉献，义诊、义演、义卖、义务……至今仍是中国人崇尚道德的代名词。

礼 礼是中华文化的突出精神，其主要作用是规范人际关系、维护社会秩序。礼的概念比较复杂。在政治制度层面，作为等级制度，旧时的“礼制”和“礼教”，其特定的具体内容已经不适于今，应当扬弃。在精神文化层面，孔子说“内仁外礼”，礼与仁互为表里，仁心爱人、恭敬谦让，是礼的内在精神，重礼是“礼仪之邦”的重要传统美德。《公民道德建设实施纲要》中20字基本道德规范就有“明礼”。“明礼”从广义说，就是讲文明。从狭义说，作为待人接物的表现，谓“礼节”“礼仪”；作为个体修养涵养，谓“礼貌”。这些行为规范都是提升人类道德修养和文明水平的途径，已经成为一个人、一个社会、一个国家文明程度的一种表征和直观展现。北京迎奥运正大力开展礼仪教育。用于处理与他人的关系，谓“礼让”。如果一味讲竞争，就像一味讲斗争一样，会导致偏差。礼让与竞争是辩证的两面，应同时讲，才可能和谐。

“礼之用，和为贵。”“和”是礼的最高境界，其价值取向为“和谐”。继承发扬礼，不是恢复旧时的等级伦理，而是要构建在人格平等基础上的人际行为规范，以达于和谐。

智 智在传统美德中主要指明辨善恶是非，并能力行。孔子就以“知、仁、勇”为三达德。“知”通“智”，明智可以知仁遵道、明辨是非善恶。“智”从道德智慧可延伸到科学智慧，把科学精神与人文精神结合和统一起来，这是我们今天仍要发扬的。科学发展观是治国的智慧。创新精神是智慧的重要品格。

信 诚信是做人的根本，也是社会正常运行的道德基础。孔子说：“人而无信，不知其可也。”诚信被儒家称为“进德修业之本”“立人之道”和“立政之本”。讲诚信是中华民族共认的价值标准和基本美德。信用危机绝不仅仅是商业危机，而且是深刻的道德危机、精神危机；它不仅破坏经济，而且腐蚀人心、涣散社会、毒害民族！《公民道德建设实施纲要》把“诚信”列入20字基本道德规范中，并将它作为当前着力抓的重点，是非常正确的。

以“五常”为传统美德的代表，既不是说其中没有旧时代的烙印和封建性糟粕，也不是说它已把传统美德囊括无遗。道德观念和道德人格的养成是整体性的。同一道德体系中各个德目之间的道德精神是相通的。古人说忠臣出于孝子。在家是孝子，一般说，在朝就容易是忠臣，因为忠与孝其道德精神是相通的。道德建设并非把德目列得越多越全就越好，而是要着重抓好基础性的母德或基德的养成，那样就可以收到举一反三、一通百通的效果。所以，传统美德的代表不必多，也不能多（公民基本道德规范同样不必多也不能多），要简明扼要、易记易传。我们要通过公开认可“五常”，并加以现代诠释，让人领悟传统美德的精髓，用以滋养我们的道德精神、培育我们的道德人格。

精神文明是整体性的系统工程，就道德抓道德是不够的。应当以文化涵养道德，以道德提升文化。传统美德是优秀传统文化的核心，优秀传统文化是传统美德的重要载体，传统美德依托优秀传统文化而传扬。建议在学校教育和整个国民教育中加大优秀传统文化的分量。把仁义礼智信作为优秀传统文化的基本内容，纳入到学校的教学内容之中，逐步实现进教材、进课堂、进头脑，并落实到精神文明建设中去。

2005年

弘扬仁义礼智信

《公民道德建设实施纲要》（以下简称《纲要》）指出，“要继承中华民族几千年形成的传统美德”。这是经过几十年、近百年的曲折才总结出来的正确方针。如果进一步问：传统美德是什么，请举个代表。作为整体德目，我就举“仁、义、礼、智、信”这“五常”做代表。

两千多年前的孟子就提出仁、义、礼、智“四德”（又称“四端”）。西汉时期董仲舒首先把“仁义礼智信”作为整体道德要求概括为“五常之道”，东汉建初四年（公元79年）后，“仁义礼智信”被官方确定为整体德目“五常”。五常不仅是五种具有基础性的“母德”“基德”，而且形成并高度概括了中华传统道德的核心价值理念和基本精神。

当然，道德观念总植根于一定时代的经济和社会基础，但传统美德的合理内核包含着具有相当普适性的内容，可以有选择地继承下来，并使之随着时代的发展而发展，经过现代转换，包括汲取人类文明的进步成果，赋予新的时代内涵，就能适合当今新时代而得以传承。仁义礼智信在当前仍有顽强的生命力，弘扬它们具有广泛的群众基础和社会基础，在马克思主义指导下，经过我们的现代诠释，可以在许多方面起到积极作用。

有利于弘扬和培育民族精神

企图通过否定自己的民族精神、民族文化来实现现代化，那不是马克思主义的态度，那样的思路是不可取的。中共十六大报告说得好："民族精神是一个民族赖以生存和发展的精神支撑。……必须把弘扬和培育民族精神作为文化建设极为重要的任务。"这在我国正在进行的文化战略调整中具有里程碑的意义，我们正在扭转近百年来有些人对待民族精神、民族文化的偏颇态度。仁义礼智信作为中华传统伦理体系中的核心因素，在华夏神州已影响人们两千多年，贯穿中华伦理和中华文化的发展中，成为民族精神的构成元素，熔铸在民族精神之中。正确认识并弘扬仁义礼智信是正确认识并弘扬民族精神的需要，弘扬它，有利于激发和振奋民族精神。中华儿女的祖先世代培育的仁义礼智信已成为全世界华人精神文化的根，是促进文化认同、价值观认同的强有力因素，是中华文化能发挥凝聚剂作用的重要因素，弘扬它，有利于激发和增强民族认同感和向心力。

有利于建设社会主义和谐社会

胡锦涛同志说得好，一个社会是否和谐，很大程度上取决于全体社会成员的思想道德素质。没有良好的道德规范，是无法实现社会和谐的。

这同弘扬仁义礼智信有什么关系呢？有。一方面，中华民族的新道德必须与中国人意识和潜意识中的传统美德相承接，才能生根成活，才能持续发展。另一方面，弘扬它便可以将潜藏于国人心中的传统美德复苏起来，培育起来。而以仁义礼智信为代表的传统美德本身，突出的就是群体和谐精神，滋养了崇尚和谐的民族心理和品格，包括人与人、人与社会、人与自然的和谐。它与西方道德文明所突出的个体人格精神，可以互相整合，优势互补；可以抑制极端个人主义和极端自由主义倾向，促进尚和谐、讲责任的社会风尚。仁义礼智信是构建社会主义和谐社会的重要思想道德基础，是社会矛盾的精神化解剂，是社会和谐的催化剂。

有利于当前的精神文明建设

弘扬仁义礼智信并加以现代诠释，赋予新的时代内涵，不但可以与社会主义市场经济相适应，而且可以对市场经济所诱发的如过分重利等风气和观念，起某种调节和抑制作用，对当前的道德建设、精神文明建设有很强的现实针对性。

仁　仁是中华民族道德精神的象征，孔子倡导“仁者爱人”，仁几乎成为中华民族的共德和恒德，不仅是最基本的、最高的德目，而且是最普遍的德性标准。至今仍称有德者为“仁人”，骂无德者为“不仁”。以仁为核心形成的古代人文情怀，经过现代改造，可以转化为现代人文精神，成为“以人为本”的精神资源。

人文精神的核心，我理解为：对人的价值、人格尊严的尊重，一方面千方百计改善和提高人的生存状态、生存意义和人生境界，另一方面构建高尚的人类价值体系以引导人如何做人。长期的封建社会和封建观念就是只重权力不重人；到了资本主义那里则是只重金钱不重人，使人异化为物的附庸。在物质生产还不能充分满足人类需要的历史条件下，在人类还不能平等相待的历史条件下，重权不重人、重钱不重人的恶习总会或此或彼露出头来。在市场经济的负面影响下，为追逐金钱而人性弱化，甚至丧失人性的恶劣风气还在蔓延，我们应当大力弘扬和培育人文精神。现代人文精神是现代道德的重要基本元素，甚至是核心，是现代文明精神的基石。

义　义是作为人应该遵循的最高道义，应该依归的人间正义。在中华文化中义与仁并用为道德的代表："仁义道德""仁至义尽""假仁假义""杀身成仁""舍生取义"。义成为一种人生观、人生价值观："义不容辞""义无反顾""见义勇为""大义凛然""大义灭亲""义正词严"。义是人生的责任和奉献，义诊、义演、义卖、义务……至今仍是中国人崇尚道德的代名词。

怎样处理"义"与"利" 的关系是价值观的核心，至今仍是道德的试金石。见利思义、以义制利、义以为上，是重要的中华传统美德，在市场经济中尤应大力倡扬，以此来抑制见利忘义、攫利背义、赚昧心钱、发害人财等道德沦丧之风。

礼 礼的主要作用是规范人际关系、维护社会秩序。孔子说"内仁外礼"，礼与仁互为表里，重礼是"礼仪之邦"的重要传统美德。《纲要》中20字基本道德规范就有"明礼"。"明礼"从狭义说，作为待人接物的表现，谓"礼节""礼仪"。北京迎奥运正大力开展礼仪教育。用于处理与他人的关系，谓"礼让"。如果一味讲竞争，就像一味讲斗争一样，会导致偏差。礼让与竞争是辩证的两面，处理好才可能和谐。

"礼之用，和为贵。""和"是礼的最高境界，其价值取向为"和谐"。继承发扬礼，不是恢复旧时的等级伦理，而是要构建在人格平等基础上的人际行为规范，以达于和谐。

智 智在传统美德中主要指明辨善恶、是非、荣辱，并能身体力行。智从道德智慧可延伸到科学智慧，把科学精神与人文精神结合和统一起来。科学发展观是治国的大智慧，创新精神是智慧的突出品格。

信 诚信是做人的根本，也是社会正常运行的道德基础。信用危机绝不仅仅是商业危机，而且是深刻的道德危机、精神危机。《纲要》把"诚信"列入20字基本道德规范中，并将它作为当前着力抓的重点，我们应当抓实抓紧。道德修养的起点是“诚意正心”，心性是内在的，根本的，修养内化到心性才算修养到位，所以也是修养的目标。心性不正，学一些政治辞藻用来修饰门面，那就叫不诚。领导人和干部只有真诚才能取信于民，提高公信力，扭转欺诈成风习焉不察不知羞耻的严重态势，推动社会风气好转。

道德观念和道德人格的养成是整体性的。同一道德体系中各个德目之间的道德精神是相通的。要着重抓好基础性的母德或基德的养成，那样就可以收到举一反三、一通百通的效果。我们要有规模、有力度地弘扬仁、义、礼、智、信，使它渗透到社会生活的各个领域，让人领悟其精髓，用以滋养我们的道德精神、培育我们的道德人格。优秀传统文化是传统美德的重要载体，建议在学校教育和整个国民教育中加大优秀传统文化的分量，强化仁义礼智信的内涵，并进而扩展和渗透到整个社会精神文明建设的全过程。

2006年

关汉卿　七夕节　中秋节　可以为“人文奥运”添彩

北京奥运三大理念中，“人文奥运”是灵魂，特别需要及早抓紧打造。

奥运会是体育盛会，也是文化盛会。2004年雅典奥运会向世界展示希腊文化，引起传播热潮。2008年北京奥运会是中华文化与世界文化交流交融的现实平台，是重塑文化中国形象的国际舞台，是推进中华文化走向世界的绝好机会。“世界给我十六天，我给世界五千年。”我们应当努力开发中华传统文化资源，向世界展示中华文化的魅力和神韵，特别要介绍中华文化的杰出人物和体现中华文化的重要遗产。建议请关汉卿“回”北京参加“人文奥运”，并让北京奥运会过一过中华情侣节和中秋节。

牛郎织女原是星辰神话，后演绎出传说故事。织女不仅心灵手巧而且善良坚贞，牛郎不仅勤劳勇敢而且厚道忠诚，他俩的自主婚姻，一不看门第高低，二不恋金钱权势，没有朝三暮四，只有专一不贰，男耕女织，诚实劳动，美满幸福。受到破坏，他们不屈服于封建压力，执着追求；被阻隔银河两岸，一年只能七夕相会一次，他们珍惜佳期，真情无限。就像宋人秦观《鹊桥仙》词歌唱的：“金风玉露一相逢，便胜却人间无数。”“两情若是久长时，又岂在朝朝暮暮！”这里的“两情久长”就是对爱情的忠贞不渝，这是健康的、积极的爱情观。这种高级的人类精神，擢拔他们超越低层次的朝暮厮守，鼓舞他们去积极地追求和奋斗。这种高级的人类精神，可以超越时空，具有永恒性和再生性，就像天上的牛、女双星那样，永远闪烁在爱情星空。以牛郎、织女爱情为核心的七夕节，可以同现代人的生活方式和精神世界相融通，完全应当顺理成章地成为中华民族的情侣节，并成为全人类的文化瑰宝。

中秋节起源于对月亮的崇仰，周朝就有拜月仪式。嫦娥奔月、吴刚伐桂、玉兔捣药的神话传说流传久广。中国人对月亮自古以来就有细致的体察、诗意的感受、哲理的感悟。中秋之夜，明月高悬，银辉洒地，如此良宵，令人灵感泉涌、诗兴大发。古往今来，诗人们咏月寄情，写下数不清的好诗。唐代诗人李白就是杰出的代表，他的《静夜思》“床前明月光”，妇孺皆能背诵。他的《月下独酌》“举杯邀明月，对影成三人”，写出自己和月亮相伴相融的深情。他的《把酒问月》，从“人攀明月不可得，月行却与人相随”写到“白兔捣药秋复春，嫦娥孤栖与谁邻？今人不见古时月，今月曾经照古人”，写出人生的感悟，达到了哲理的高度。

今人不见古时月，古月依旧照今人。月光是永远的，中秋节也是永远的。我们要突出其团圆、团结、庆秋收的主题，促进民族凝聚、国家统一、社会和谐、家庭幸福，促进世界人民的团结与和谐。

白居易的《七夕》诗说得好：“烟霄微月澹长空，银汉秋期万古同。”我们要把七夕节、中秋节万古不泯地传下去，而且还要创造机会争取“银汉秋期万方同”，让中华节庆文化传播世界万方，为世界文化百花园增色添辉。千年等一回，这样的好机会到了：2008年北京奥运会是8月8日至8月20日，而这年的七夕节是8月7日，正值奥运会前夕，这时，人已聚，幕未开，我们何妨先举办盛大的七夕活动，让各国来宾领略东方情侣节的神韵、瞻仰牛郎织女的风采！奥运会开幕式的设计者们，何不让这一对东方爱神之星闪耀在奥运星空，就像雅典奥运会开幕式请出希腊神话诸神一样呢？这是“人文奥运”题中应有之义。

机遇连连，2008年北京残奥会是9月7日至17日，而这年的中秋节是9月14日，正处残奥会中间，这应当引发残奥会设计者、组织者的灵感，我们如何让各国来宾共赏中国月亮的诗意，与月里嫦娥共舒广袖？

日月转，从来急，2008年的星节、月节急急走来，我们应当及早策划活动，研发产品，例如设计以牛郎织女爱情形象为内容的邮品，制作以牛郎织女为标志的爱情信物纪念品，乃至于策划大型文艺活动，等等，事不宜迟，我们应当行动起来！

2008年正是北京伟大作家关汉卿被定为“世界文化名人”50年、从事戏剧创作750年的时候，展示以他为突出代表的元大都文化和中国戏曲文化，是“人文奥运”的一道不可多得的亮丽风景。我们应当及早筹备纪念活动，并把它纳入筹办奥运会的规划中。

关汉卿是13世纪的伟大戏剧家，比欧洲文艺复兴时期的戏剧“巨人”莎士比亚还早300多年。1958年在世界范围纪念他从事戏剧创作700年。当年6月28日中国举行隆重的纪念大会，郭沫若在会上报告说，当天全国有1500多个剧团用100多种不同的戏剧形式，上演关汉卿的剧作；单北京就有18个剧团用8个剧种演出10种关汉卿的剧本。在莫斯科举行的纪念会上，会议主席说，关汉卿的作品可以同但丁、拉伯雷和莎士比亚的伟大作品并列；主要报告人称赞关汉卿完全可以同世界最伟大的戏剧家相媲美，他的创作遗产已成为全体进步人类共同的财富。

尽管存在着文化传统的不同和文字（特别是曲文难懂）的障碍，世界人民认识关汉卿还是比较早的。日本等亚洲国家且不说，关剧译介到欧洲国家的年份是：英国1821年，俄国1829年，法国1838年，德国

1887年，都已有100多年了。各国的评价都很高：法国权威性的拉鲁斯大百科全书称关汉卿是“第一流的伟大戏剧大家”，英国大不列颠大百科全书称关氏是“创作了60多种戏剧作品的第一位有成就的著名戏剧大家”，美国大百科全书说“关汉卿的《窦娥冤》为著名的杰出的剧作”。

2002年我们就建言：关汉卿的优秀剧作700多年来一直活跃在舞台上，在南戏、明清传奇、京剧和各种地方戏里不断上演，有丰富的关剧剧目资源。1958年的纪念演出实际上是一次全国性的关汉卿戏剧节。我们应当继承此优良传统，及早做出决定并发出公告。2008年举行关汉卿戏剧节，以便于各地、各剧种及早安排，一方面加工整理传统的关剧剧目，另一方面重新改编关剧或作关剧新编，并投入排演，以优秀关剧剧目迎接关汉卿戏剧节，使之成为民族戏剧的一次盛会，促进中国戏剧的发展和繁荣。

以现代传媒手段传播关剧。蒲州梆子《窦娥冤》、京剧《望江亭》、昆剧《单刀会》、评剧《蝴蝶梦》等已拍成电影舞台艺术片，各地也有一些关剧电视片。我们应当有计划地安排制作多剧种、多形式的关剧影视系列片，也可制作关汉卿连续剧，把优秀关剧镶嵌进去。在创作方面，1958年田汉的《关汉卿》是很好的范例，要鼓励当代戏剧家积极投入这项工程。

元大都是当时的国际性大都市，不仅胡汉文化、南北文化在此交融，中外文化也在此广泛交流，独放异彩的大都文化是北京这座世界历史文化名城的第一次大辉煌。关汉卿是这座文化苑囿中的奇葩。建议结合实施人文奥运，在现有的元大都遗址公园中建立“关汉卿纪念地”，立关汉卿塑像、关汉卿戏剧雕塑、元杂剧艺术雕塑等，不断充实其文化内涵，使之成为一座展示元大都文明的公园。

对我们的提案，中国文联答复说：中国戏剧家协会将在2008年举办高档次、高影响的“人文奥运·关汉卿主题”的大型系列活动，纪念关汉卿戏剧创作750年、列为世界文化名人50周年。有关活动的策划案正在组织拟定中。

文化部对此提案的答复：关汉卿作为中国文学艺术史上一位伟大而杰出的戏剧家，早在700多年前，他就以深刻而犀利的笔触，展现了对社会和人生的思考，成就了中国戏剧文化的一个高峰，成为中国现实主义戏剧的开拓者和奠基者。您们的提议很有价值，2008年恰逢关汉卿被定位为“世界文化名人”50周年、从事戏剧活动750周年，届时举办纪念关汉卿的相关戏剧活动，对于彰显悠久的中国文化，向世界展现中华民族浓厚的文化底蕴，实施“人文奥运”有着重要的意义。关汉卿一生创作了60多部杂剧，像《望江亭》《窦娥冤》《单刀会》等剧目至今久演不衰，届时文化部可举办关汉卿纪念大会和戏剧展演活动。为扩大其影响，我们将积极同北京奥运会组委会商讨，争取将关汉卿纪念活动列入奥运会的整体活动之中。至于是否采用戏剧节的形式，需要根据有关文件规定报批。

现在，奥运会已进入倒计时，我们希望纪念关汉卿的筹备工作也紧锣密鼓地开展起来，并及时通报进展情况，以便群策群力共襄盛举。

2006年

为传统节日加把劲

春节的鞭炮还在耳鼓回响，元宵的灯影还在眼帘晃动，中国传统节日的味道正在逐渐调浓，民族节日的集体记忆正在一步步复苏，中国人一次次感受到民族文化怀抱的温馨。让我们一起为传统节日的发展加把劲。为什么呢？

有利于弘扬和培育民族精神

传统节日经历着复兴的过程，中共十六大报告里的话具有里程碑意义："必须把弘扬和培育民族精神作为文化建设极为重要的任务。"而民族精神植根于民族生活的土壤中。民族的传统节日是民族生活的典礼和仪式，是民族文化的象征符号和重要载体，承载着中华民族的文化血脉和思想精华，凝结着中华民族的民族心理、民族精神、民族情感，已经成为民族生活、民族血脉、民族根基的有机组成部分。近来有越来越强的呼声：留住民族文化的根。这是有道理的。文化主体性的失落，将意味着民族精神和传统的丧失，意味着民族性的泯灭。过民族节日是民族文化认同的重要仪式和环节。尊重自己的传统节日是尊重和热爱自己民族的表现。维护传统节日是中华民族确认自己文化身份的需要，是文化自觉的表现。办好这些传统节日，对于弘扬民族文化优秀传统以及寓涵其中的民族精神，具有多方面的积极意义，是今天建设民族的科学的大众的社会主义文化、培育民族精神所不可或缺的文化资源和基础。

有利于教育未成年人

传统节日铸造中国心、民族魂，不是通过说教灌输，而是让人在亲身经历中感受、养成。从孩提知事开始，就年复一年周而复始地不断受濡染熏陶，不断践履养成。而且是寓教于乐，在欢欢喜喜高高兴兴中接受浸润；在弥漫于全社会的节日氛围中，在生活气息浓郁的群体性活动中，自然而然地受到陶冶。它未必强烈震撼人，却深深嵌入生活，浸入情感，沁入心田，对人的精神和心理产生潜移默化却是刻骨铭心、难以磨灭的影响。成人乃至老人，许多往事已经如烟，而儿时过节的温馨仍珍藏心底，历久不磨，成为生活长链中闪闪发光的明珠，记忆长空中熠熠耀人的星光，在“中国心”的铸造中，这是无法替代、不可或缺的环节，我们应当更加有意识地使它成为教育未成年人的大课堂。

有利于增强民族凝聚力

“每逢佳节倍思亲”，传统节日是民族情感的黏合剂，其中充盈着亲情情结、敬祖意识、寻根心理、报本观念，最容易唤起对亲人、对家庭、对故乡、对祖国的情感，唤起对民族文化的记忆、对民族精神的认同，唤起同宗同源的民族情、文化同根性的亲和力。办好传统节日，显然有利于培育民族情感、增强民族团结、维系国家统一，有利于加深台海两岸和海内外中华儿女的亲情，有利于祖国统一大业和中华民族的伟大复兴。

有利于构建和谐社会

传统节日体现着中华民族的和谐理念。其体系的形成兼顾太阳、月亮、地球的运行规律，包含着天文、气象和物候的知识，体现了适应自然节奏、人与自然和谐的自然观。体现了天人合一、重视阴阳调和、顺应自然而又有所作为的哲学观。节日活动因时制宜，春节迎新，清明踏青、端午备夏，七夕观星，中秋赏月，重阳惜秋；亲近自然，爱护自然，融入自然，万物共融。同这种自然观相协调，形成人与社会和谐的社会观。在节日里，通过礼节和仪式，在祈愿祝福的声声问候里，营造着普天同乐、与人为善的和气人际氛围，骨肉情深、天伦乐融的温馨家庭关系，团结友爱、互敬互助的和谐人际关系，体现人与人和谐的人际观、伦理观。传统节日所蕴含的和谐理念，是社会和谐的催化剂，生活矛盾的化解剂，是构建社会主义和谐社会应当借助的巨大文化资源。

展望和建议

2003年以来我们不断建议要建设好民族传统节日。领导的重视也与日俱增，2005年6月21日中央宣传部、中央文明办、教育部、民政部、文化部联合发布了《关于运用传统节日弘扬民族文化的优秀传统的意见》。中央文明办委托我主编的《我们的节日》一书已出版。最近公布的《第一批国家非物质文化遗产名录》已把七夕节（牛郎织女）同春节、清明、端午、中秋、重阳一起列为六大传统节日。这意味着我国青年将更多地过自己的情侣节了。2008年七夕节恰在北京奥运会开幕前一天，建议：（一）举办东方情侣节的大型文艺活动；（二）请“牛郎织女”光临奥运会开幕式；（三）设计以牛郎织女爱情形象为内容的邮品、爱情信物纪念品。2008年中秋节恰处北京残奥会期间，建议也不失良机，让中华文化随奥运会而传播世界。

节庆日有的是世代相传，我们无权择日；有的新增节日是由我们自己择日的，例如教师节，择日就应当考虑其民族文化内涵。经权威部门共同研究测算，孔子诞生于公元前551年9月28日，以“万世师表”孔子的诞生日做中国教师节已日益成为知识界的共识。

传统节日也要随生活的发展而发展，既要发扬民族传统、充盈民族精神，也要与时俱进，增益时代精神和内涵，与现代生活方式相适应、相融通，与现代社会的人际交往、社交活动相结合、相渗透。还要与市场经济形成互动，为商家提供商机，设计出有传统节日特点、不失传统人文意味而人们又乐于接受的商品和服务。总之，只有扎根于现代生活的土壤，不断创新发展，才有生生不息的活力。

应把传统节日教育纳入国民教育体系，纳入学校教学活动之中，比如今年春节期间中央电视台播放的七集电视片《我们的节日》，可浓缩为每集40分钟，成为中小学校的一节课进入校园。应设立专门机构、专人、专题项目经常研究传统节日，可以考虑设在中央文明办内。应使过好六大传统节日成为创建文明城市、文明村镇、文明社区、文明行业的有机组成部分，成为建设和谐社会的有机组成部分。

2006年

做好人　过好节　营造和谐

中共中央关于“十一五”规划的建议指出：“促进社会和谐是我国发展的重要目标和必要条件。”兹就和谐社会的建设讲两点浅见。

仁义礼智信的作用

胡锦涛同志说得好，一个社会是否和谐，很大程度上取决于全体社会成员的思想道德素质。没有共同的理想信念，没有良好的道德规范，是无法实现社会和谐的。

中华民族的新道德必须与中国人意识和潜意识中的传统美德相承接，才能生根成活，才能持续发展。也只有这样才能将潜藏在国人心中的传统美德复苏起来，培育起来。

仁义礼智信是中华民族传统美德的代表，也是传统美德精神的高度概括，自西汉董仲舒起，两千多年来绵延不绝，至今仍有顽强的生命力，弘扬它们具有广泛的群众基础和社会基础。

仁是中华民族道德精神的象征，不仅是最基本的、最高的德目，而且是最普遍的德性标准，也就是做人的标准。至今仍称有德者为“仁人”，骂无德者为“不仁”。以仁为核心形成的古代人文情怀，经过现代改造，可以转化为现代人文精神，成为“以人为本”的精神资源。

义是作为人应该遵循的最高道义，应该依归的人间正义，义与仁并用为道德的代表："仁义道德""仁至义尽""假仁假义""杀身成仁""舍生取义"。义成为一种人生观、人生价值观："义不容辞""义无反顾""见义勇为""大义凛然""大义灭亲""义正词严"。义是人生的责任和奉献，义诊、义演、义卖、义务……至今仍是中国人崇尚道德的代名词。"义"与"利"关系的处理是价值观的核心，至今仍是道德的试金石。见利思义、以义制利、义以为上，是重要的中华传统美德，在市场经济中尤应大力提倡，以此来抑制见利背义的道德沦丧之风。

礼的主要作用是规范人际关系、维护社会秩序。《公民道德建设实施纲要》中20字基本道德规范就有"明礼"。"礼之用，和为贵。""和"是礼的最高境界，其价值取向为"和谐"。继承发扬礼，不是恢复旧时的等级伦理，而是要构建在人格平等基础上的人际行为规范，以达于和谐。

智从道德智慧可延伸到科学智慧，把科学精神与人文精神结合和统一起来，这是我们今天仍要发扬的。

信是做人的根本，也是社会正常运行的道德基础。《公民道德建设实施纲要》把"诚信"列入20字基本道德规范中，并将它作为当前着力抓的重点，应当下功夫抓实抓好。

道德观念总植根于一定时代的经济和社会基础，总随着时代的发展而发展。传统美德的合理内核包含着具有相当普适性的内容，但也要经过现代转换，才能适合当今新时代而得以传承。仁义礼智信经过现代诠释，赋予新的时代内涵，不但可以适应现代社会，包括与社会主义市场经济相适应；而且可以对市场经济所诱发的如过分重利等观念和风气，起某种调节和抑制作用。中华传统美德所重视的群体和谐精神，与西方道德文明所突出的个体人格精神，也可以优势互补，互相调节，这对于抑制极端个人主义和极端自由主义倾向，促进社会和谐，是很有好处的。

精神文明是整体性的系统工程，就道德抓道德是不够的。应当以文化涵养道德，以道德提升文化。传统美德是优秀传统文化的核心，优秀传统文化是传统美德的一种载体，传统美德依托优秀传统文化而传扬。建议在学校教育和整个国民教育中加大优秀传统文化的分量，并强化仁义礼智信的内涵。

传统节日的作用

传统节日是传统文化的结晶和载体。中华民族在几千年的文明传承中形成的传统年节体系，凝结着中华民族的民族心理、民族精神、民族情感，已经成为民族生活、民族灵魂、民族根基的有机组成部分。成人乃至老人，许多往事已经如烟，但儿时过节的情景，仍是温馨的回忆，珍藏心底。维护传统节日是中华民族确认自己文化身份的需要，是文化自觉的表现。

传统节日体现着中华民族的和谐理念。其体系的形成兼顾太阳、月亮、地球的运行规律，包含着天文、气象和物候的知识，体现了适应自然节奏、人与自然和谐的自然观。体现了天人合一、重视阴阳平衡、顺应自然而又有所作为的哲学观。节日活动因时制宜，春节迎新，清明踏青，端午备夏，七夕观星，中秋赏月，重阳惜秋：亲近自然，爱护自然，融入自然，万物共融。同这种自然观相协调，形成人与社会和谐的社会观。在节日里，通过礼节和仪式，营造普天同乐、与人为善的和气人际氛围，骨肉情深、天伦乐融的和睦家庭关系，体现人与人和谐的人际观、伦理观。传统节日所蕴含的和谐理念，是构建社会主义和谐社会应当借助的活的文化资源。

2003年以来我们不断建议要建设好民族传统节日。领导的重视也与日俱增，2005年6月21日中央宣传部、中央文明办、教育部、民政部、文化部联合发布了《关于运用传统节日弘扬民族文化的优秀传统的意见》。中央文明办委托我主编的《我们的节日》一书已出版。最近公布的《第一批国家非物质文化遗产名录》已把七夕节同春节、清明、端午、中秋、重阳一起列为六大传统节日。这意味着我国青年将更多地过自己的情侣节了。2008年七夕节恰在北京奥运会开幕前一天，建议：（一）举办东方情侣节的大型文艺活动；（二）请“牛郎织女”光临奥运会开幕式；（三）设计以牛郎织女爱情形象为内容的邮品、爱情信物纪念品。2008年中秋节恰处北京残奥会期间，建议也不失良机，让中华文化随奥运会而传播世界。

节庆日有的是世代相传，我们无权择日；有的新增节日是由我们自己择日的，例如教师节，择日就应当考虑其民族文化内涵。经权威

2005年，在央视讲《我们的节日》

部门共同研究测算，孔子诞生于公元前551年9月28日，以“万世师表”孔子的诞生日做中国教师节已日益成为知识界的共识。

传统节日也要随生活的发展而发展，既要发扬民族传统、充盈民族精神，也要与时俱进，增益时代精神和内涵，与现代生活方式相适应、相融通，与现代社会的人际交往、社交活动相结合、相渗透。还要与市场经济形成互动，为商家提供商机，设计出有传统节日特点、不失传统人文意味而人们又乐于接受的商品和服务。总之，只有扎根于现代生活的土壤，不断创新发展，才有生生不息的活力。

应把传统节日教育纳入国民教育体系，纳入学校教学活动之中，比如今年春节期间中央电视台播放的七集电视片《我们的节日》，可浓缩为每集40分钟，成为中小学校的一节课进入校园。应设立专门机构、专人、专题项目经常研究传统节日，可以考虑设在中央文明办内。应使过好六大传统节日成为创建文明城市、文明村镇、文明社区、文明行业的有机组成部分，成为建设和谐社会的有机组成部分。

2006年

随感·报道

委员随感

如歌的政协岁月

昔人常叹“岁月如梭”，今人常赞“岁月如歌”。我特别喜欢“如歌”的比喻，喜其含意隽永，引人遐思。歌，有疾有徐，有扬有抑，有欢快有沉郁，但不管音符如何跳动，她总是在创造美，呈现美。“水光潋滟晴方好，山色空蒙雨亦奇”，无论是水是山，无论是晴是雨，无论淡妆还是浓抹，都有各自的美。美是多姿多彩的，人应当不拘一格地去体悟，去发现，去欣赏。

“往事如烟”，时光虽将往事拉出，但在如烟般朦胧的距离感中，同时也筛选出往事的精粹，清晰地推到记忆的屏幕前。如歌的政协岁月就留下许多精彩的图像令人欣慰。记得从1991年起，在全国政协会议上，我年年发出加强道德建设的呼吁，并不断提出新建议。1994年我提出编《新三字经》的提案，3月8日见报，不料这一声轻唱，却引起山鸣谷应，当即有五家出版社登门要我主撰。箭已出弦，只好偕战将披挂上阵。同年8月7日《新三字经》正文刊于报端，这次的回响更是万壑轰鸣，台湾各主要报纸只隔一天就都发表评论，内地几十家报刊纷纷转载。从硕学鸿儒、艺坛名流到领导干部、基层工农，素昧平生都来函来电。钱学森说，感到其重要；张岱年说，是启蒙教育的新成就；马玉涛说，要让孙子每天背诵一段……翌年全国政协大会，《新三字经》书出，运到全国政协会议驻地，分赠教育组、青联组、农工党等组的委员。小书不胫而走，传遍天下。出版社正式印发三百万册，盗版书满天飞超过正式出版数。内蒙古开了卡车到北京的出版社要书；一位边疆的军人在车站候车室看了此书来函致意；一位老爷爷以此书做群孙读书竞赛的读本……一时间“洛阳纸贵”，促成全国的“三字经热”，连隔海的日本国也翻译出版。

政协是名家名贤名流荟萃之所，从这个舞台发出的声音有独特的影响力。2001年是《儒林外史》作者吴敬梓诞辰300周年，我以提案建议举行纪念活动，《光明日报》《人民政协报》等相继报道。文化部、中国作协都答复同意参加主办。但缺少承办单位，在我辗转联系俱不见功时，又是全国政协挺身而出，有齐续春副秘书长支持，由教科文卫体委员会请缨承办，于是，中央级的纪念吴敬梓大会在全国政协礼堂隆重召开。同时，中国社科院主办吴敬梓300周年诞辰学术讨论会，安徽大学也主办全国性的学术研讨会，在安徽省政协促进下吴敬梓家乡滁州市政协和全椒县也举办了系列纪念活动。这位被鲁迅称为古典小说的伟大巨人，在政协的推动下又一次受到中华儿女的广泛景仰。

1958年6月28日，全国有一千五百多个剧团同时献演被定为世界文化名人的关汉卿的剧本。2008年北京奥运会之日，正是这位北京戏剧伟人作为世界文化名人50年、戏剧创作活动750年之时。在全国政协九届五次会议上，我提出提案：届时请关汉卿回北京为“人文奥运”添彩。《人民政协报》连续大篇幅载文并报道，其中提到：在该次政协大会开幕前的大厅里，各方老友相聚，一片欢声笑语，戏剧界名家、学术界名流看到我的上述提案欣然踊跃联名。《中国教育报》为此出了专版，《人民日报》《经济日报》、中央人民广播电台也广加报道。文化部回答：“届时文化部可举办关汉卿纪念大会和戏剧展演活动。……积极会同北京奥运会组委会商讨，争取将关汉卿纪念活动列入奥运会的整体活动之中。”中国文联回复：届时将举办高档次的

“人文奥运·关汉卿主题”的大型系列活动，并正在组织拟定活动的策划。又一番文化盛事在政协倡导下将有声有色地开展起来。

政协是恢宏的大海，个人只是海上欢腾的一朵浪花。从浪花里飞出的歌，既成为大海交响乐的一个音符，又通过大海汇入天地间永恒的大合唱中。

（原载于《人民政协报》2002年12月23日A4版）

政协如何成就一个人文学者

我教了几十年中国古典文学，又连续当了四届全国政协委员。学者参政议政和实际社会工作者参政议政一样，宜立足于自己有研究有长期积累的领域，这样才能扬己所长，发挥专家学者的优势；但又不能拘囿于原来专业的狭小领域和眼界，需要扩大视野，提高境界，才能适应政协委员参政议政的需要。我从古典文学领域很自然地扩大到传统文化领域，1990年《人民政协报》就刊登我的谈话：立志通过政协讲坛弘扬优秀传统文化，促进现代社会正确对待传统文化。

传统文化浩瀚无垠从何下手？我挑中既重要又与群众生活息息相关的两个点：传统节日、传统美德。

传统节日和节日体系

中共十六大报告提出弘扬和培养（用两个动词）民族精神是“极其重要”的任务，要贯穿于国民教育的全过程，精神文明建设的全过程（两个“全过程”）。在百年的近代史中，这具有里程碑的意义，这意味着我们对传统文化、传统道德的态度有了战略性的转变。我们应当抓住机遇自觉协助推动这个战略转变。民族精神植根于民族生活的土壤中，而传统节日是民族生活的典礼和仪式，集中反映了民族心理、民族性格、民族精神。过好传统节日是弘扬和培育民族精神的需要。2003年3月我有机会向新一届中共中央负责意识形态的领导同志面陈管见，得到鼓励，于是在政协内外，努力为振兴传统节日和重建中华节日体系而奔走呼号。

（一）关于传统节日：4+1+1+1

2004年全国政协会议上我有一份关于传统节日的全面发言和几个具体节日的提案，媒体纷纷报道，央视还邀请我做了节目。中央文明办邀请我参与主编《我们的节日》一书。2005年全国政协会议上我继续为节日写了发言、提了提案，还应中央电视台之邀请参与摄制《我们的节日》系列电视片。到6月，中宣部、中央文明办等五部委发布了新中国成立以来第一个传统节日的专门文件，指出春节、清明、端午、中秋、重阳为“五大传统节日”。为贯彻此精神，中国民协成立节庆委员会，我当主任，中华文化促进会成立节庆中华，我当创会顾问。在编写《我们的节日》一书时我坚持要加上七夕节并做了许多宣传，到2005年底公示《第一批国家级非物质文化遗产名录》时七夕节已成为“六大传统节日”。2006年元宵节我到晋中考察后回京建议元宵节应独立列名，央视接受建议。中央文明办也接受建议，在系列电视片和《我们的节日》学生版中都加上了元宵节。2006年9月公布的《国家“十一五”文化发展规划纲要》中，元宵节已加上，成为“七大传统节日”。

我国传统节日是在农耕社会自然经济“天人合一”宇宙观中产生的，与气候、物候相一致，是综合性的。近代工业社会形成的主题性节日：母亲节、情人节、老人节等我们原来没有此专称，因此当人们需要某种专题节日时容易跟着西方的称谓。1989年我们政府把传统的重阳节定为中国老人节也称为敬老节。此证明，必要的主题性节日我们也应当自己定。

（二）关于倡设中华母亲节

1994年我的《新三字经》在许多小学中推广，在参加小学活动中我发现师生都非常重视母亲节，我看了小学生母亲节作文展，感动得热泪盈眶。但他们过的母亲节是5月第二个礼拜天的美国母亲节，当天真的儿童吮吸母亲节的文化乳汁时，这位母亲形象的代表却是洋妈妈！从认妈妈开始我们就让孩子认洋妈妈！这使我非常震惊非常痛心。我在全国政协会上就呼吁，要以孟母生孟子之日为中华母亲节，2006年儒学界的朋友在山东孟子故里发现，那里的老百姓世代相传在农历四月初二纪念孟子诞辰。这发现令我高兴万分，解决了中华母亲节的日期问题。

在2006年10月国际儒学会的一次活动上，我倡议以孟母生孟子的农历四月初二为中华母亲节，得到与会海内外学者的热烈支持，16人联名发表倡议书。新华社发布了我的倡议，《人民政协报》发表了我的文章，《光明日报》《中国教师报》发表了16人的联名倡议。石家庄市教育部门主动与我取得联系，准备筹办首届中华母亲节。孟子故里山东邹城市党政领导也赶到北京开筹备会。2006年12月成立了“中华母亲节促进会”。新华社、中国教育报等进行了宣传。现已经得知，今年有二十多个城市的几百所学校要举办中华母亲节，5月17日和18日在石家庄和曲阜都有盛大的首届中华母亲节庆典。

2007年5月我在参加全国政协委员学习研讨班时，恰逢5月13日美国母亲节。我们这次的全国政协委员学习研讨班群英荟萃，我想应当在这时候让社会听听发自全国政协委员的呼声，所以准备了个提案。已有52位委员签名支持（后增至60位）。12日的《人民政协报》头版报道了此事；新华网也率先在网络上发布了此消息，随后人民网、中国网、新浪网等各大网站均在网站显要位置转载。而现在的任务是如何打动有关领导部门和领导同志的心，从而获得国家的认可？

（三）其他节日

此外还倡议以七夕节叠加为中华情侣节、重阳节叠加为中华父亲节，建议以孔子诞辰为教师节，建议颁行国家指导日历建设节日体系，有国家指导日历就可以把中华节日体系端出来，而且可以年年修订，逐年改进，逐步完善。

关于道德建设和传统美德

20世纪90年代之初，社会的道德建设还如小荷刚露尖尖角，在全国政协会议上，我年年发出加强道德建设的呼吁。停留于一般议论显然不够，必须寻找切入点，于是，我的一系列建言逐年提出，并不断被社会所认可、兑现。1994年倡议并出版了《新三字经》，引发全国的“三字经热”。我建言重视精神安顿，在文化的三层面中，我们的文化自觉不能停留于器物文化层面和制度文化层面，应当下功夫深入到精神文化的层面，这是必须面对的新课题。2005年应邀在全国政协常委会做《以仁、义、礼、智、信为传统美德代表》的发言。2006年在全国政协全体大会上发言《弘扬仁、义、礼、智、信》。2007年在政协大会上我提出新五德：公、仁、义、诚、勤为核心道德（后改订为新五常：诚、孝、仁、义、公）。

当政协委员的体会

20年的政协委员生涯，我的专业知识与社会文化建设相结合，我也从一个古典文学研究者扩大为人文学者。这些年参政、议政的主要体会是：

（1）委员参政、议政的领域，既要是自己有积累、有研究、有优势的领域；又不能拘泥于狭小的专业范围，领域要有拓宽、有扩大，水平要有提高、有升华。

（2）委员在政协的参政、议政活动要与社会宣传相结合，得到扩展和延伸。要争取得到各种媒体的支持和合作。我的建言献策大多得到新华社、人民政协报、光明日报等媒体的大力支持，才发挥了作用和影响。近年中国网主动帮我开了专家博客，人民网主动把我列入强国博客，让我的建言献策安上了电子翅膀。

（3）委员自己要亲自投身，推动建言献策的被采纳和实施，并盯住不放。随着工作的进展，不断继续提出新的建议。例如，为推动中华母亲节，我已写了十几篇文章并争取媒体发表，筹组了中华母亲节促进会，亲自参加邹城、石家庄、曲阜各地的有关活动，联络各界人士，共同推动中华母亲节的广泛开展。

（原载于《人民网博客》2007年5月16日）

委员跨世纪，廿年政协情

岁月悠悠，有人庆幸“生当其时”，有人惋惜“生不逢时”。其实，从历史长河看，每个时代都有自己的历史使命，只要你找对了方向、站对了位置，每个时代的人们都可以做出自己的独特贡献。但我总觉得，在转型的大时代，人们的创意更易彰显。

在我连续四届任全国政协委员期间，有机会跟随国家文化政策的发展，在若干领域亲历了“跨世纪”的大跨越。

政协是建言议政的讲坛

参加政协的几十个界别方方面面代表人士，都有机会建言立论，民主党派就经常出现在政协这个大讲坛上。我印象深的是，1991年在全国政协七届四次会议上，著名科学家、教育家卢嘉锡，代表农工民主党在大会上第一个发言，题目是《大力发展科技和教育》。那时，“科技兴农”“科技兴省”的提法已有所见，而作为全国性的“科技兴国”的战略还没有提出来。卢嘉锡大声疾呼：“我们必须确立‘科技兴国’的发展战略，并把它作为一项重要的国策，长期坚持下去。”同时他强调必须确立“兴国先育才的战略”，“兴国大计，教育为本”。他的发言博得全场四次热烈的掌声。翌年春，在全国政协七届五次会议上，他又代表农工党做了《坚决贯彻科学技术是第一生产力的指导思想》的大会发言，再次强调科技兴国和兴国大计教育为本。不久，中央正式宣布实施“科教兴国”战略。

中共十六大把弘扬和培育民族精神提到空前的高度。2003年3月我在中央有关领导人召集的座谈会上当面建议：弘扬和培育民族精神就要重视传统节日。2004年我就正式以全国政协提案建议：春节之外，清明、端午、中秋等重要传统节日应作为法定节日放假。当年回答提案的职能部门婉拒了。而中央有关领导人却听进去了，几次批示中宣部、中央文明办进行研究；到2005年中宣部等五部委就制定发表了《关于运用传统节日弘扬民族文化的优秀传统的意见》；到2006年回答提案时就已肯定我的意见，说正在拟定方案；2007年跟着提案者就多了，秋季就公布了清明、端午、中秋放假的方案，2008年起施行。从此我国的节日体系有了新貌，传统节日占节假日总数的一半以上，反映了对中华传统文化的重视。

2007年李汉秋、齐续春、卞晋平三家合影（右三为笔者）

放假的四大节之外，我又建议应重视元宵、七夕、重阳三节。2010年中央七部委《关于深化“我们的节日”主题活动的方案》已正式列出“七大节”：春节、元宵、清明、端午、七夕、中秋、重阳。后来统称为“我们的节日”，以区别于西方的节日，反映了对中华传统文化的重视。

传统节日的灵魂是人伦情感，但都是综合性多义性的，未设单项人伦主题的专节，2004年我的政协提案建议七夕节叠加上中华情侣节、教师节改在孔子诞辰日、设立中华母亲节，在母亲节提案上联名的委员到2007年有六十多位，嗣后又陆续增至二百多人次。我们还写提案建议重阳节叠加中华父亲节。遂有四大人伦专节。在政协委员的呼吁下，传统节日越来越受到社会各界的重视，也越来越凝聚起全球华人的情感。

政协有通达中枢的渠道

安邦治国的方略有个逐步全面的过程。20世纪90年代起，我亲历着日益重视道德建设的努力，几乎每年都有新认识、新提法、新进展。过去只见“封建道德”“旧道德”的提法，1993年前后，有了“传统美德”的提法，一个“美”字，显现了我们态度的变化。我参加制定《公民道德建设实施纲要》的工作，《纲要》明确规定：“要继承中华民族几千年形成的传统美德。”这是经过近百年的曲折才总结出来的正确方针。但“传统美德”是什么？举个代表看看。我想到“五常”，仁义礼智信是传统社会核心价值观的重要部分，在华夏神州已影响人们两千多年，成为民族精神的构成元素，却长期被打入冷宫。2005年7月全国政协十届十次常委会我应邀发言，力排百年的成见，大声疾呼“仁义礼智信是传统美德的代表”。政协有慧眼能辨花草，政协有渠道能通中南海，就直报中央有关领导，领导批示，应加以弘扬并赋予其新的时代内涵。翌年在全国政协十届四次全体大会上我发声《弘扬仁义礼智信》，反应热烈，得到广泛认同。从此仁义礼智信恢复了正位。

中共十六届六中全会提出建设社会主义“核心价值体系”，从四个方面阐发了体系的基本内容，但未有“核心价值观”，是个缺位，我与一位负责人切磋过，有共识。这是历史上的第一次，所以必然有一个不断发展和逐步完善的过程。2007年我的政协发言就此提出建言，刊登在4月份的《前进论坛》，题目就叫《建立核心价值观》。这一建议当年并未引起重视，几年后，尤其十八大后，上上下下都在强调“核心价值观”了。而且越来越重视传统文化中的伦理精神。我又建议以诚、孝、仁、义、公为“新五常”，也引起了社会各界的关注。

政协有给力文化的担当

政协是名家名贤名流荟萃之所，从这个讲台发出的声音有独特的影响力。2001年是被鲁迅称为“伟大”的《儒林外史》作者吴敬梓诞辰300周年，我以提案建议举行纪念活动。文化部、中国作协都同意做主办单位。但缺少承办单位，在我辗转联系俱不见功时，全国政协当时的副秘书长齐续春挺身而出说，由我们的教科文卫体委员会承办！于是，中央级的纪念吴敬梓大会，跨过世纪，在全国政协礼堂隆重召开。同时，在安徽省政协促进下吴敬梓家乡滁州市政协和全椒县也举办了系列纪念活动。这位古典小说巨人，在政协的推动下又一次受到中华儿女的广泛景仰。

政协似温馨和谐的大家庭

一年一度3月初，各路委员从四面八方，挟着岁月的风尘，沐着春天的暖阳，汇拢来了，犹如兄弟姊妹经年回聚家屋，互相仔细端详鬓边是否新增银霜，交流带回家的礼品——提案和发言。每次视察、考察的过程就是相聚切磋研讨的好机会，特别是文史委员会的同仁：刘景录、王晓秋、李致忠、丁振海、王楚光、王蒙——个个学富五车，在自由的交流中增长学问、撞击出灵感的火花、加厚深挚的情谊——

世纪初在贵州的镇远古城，因那是《儒林外史》描述过的地方，我自个徒步到古城墙仔细勘察，不知不觉已暮色四垂，百鸟归林。苍茫间正觅归路，突然有个青年出现，说万通同志请我搭他便车回宾馆。我跟随来到路边的小车，万通热情相迎，说正好路过碰见我，于是邀我登车。当时的郑万通是全国政协秘书长，如此亲切待人，可见政协之一斑。

如歌的政协岁月留下许多温馨的情景令人回味如饴。

政协是恢宏的大海，个人只是海上欢腾的一朵浪花。从浪花里飞出的歌，既成为大海交响乐的一个音符，又通过大海汇入天地间永恒的大合唱中。

（原载于《中国政协》纪念中国政协成立65周年专辑）

陪卢嘉锡先生参赞西部大开发

全国政协第七和第九届副主席、中国农工民主党第十和第十一届主席卢嘉锡，是著名科学家、教育家和社会活动家，他抱着科教兴国的宏愿，20世纪90年代就致力于西部大开发事业。我有幸陪同他几赴西部，写了以下报道和感怀。

陕北黄土地唤起民族复兴的宏图

1992年9月28日，国务院正式批准黄骅港作为西煤东运第二大通道的东头出海口之后，卢嘉锡继续两年前的事业，他的目光沿此通道溯源而上到了西端，又投向西部大开发的黄土高原，投向陕西和内蒙古接壤地区的鄂尔多斯聚煤盆地。

1992年5月，卢嘉锡应陕西省政府之邀，率领农工党中央考察咨询组奔赴陕北榆林地区。

榆林地区位于陕西省最北部，在延安以北，这片苍茫的大地尚不通火车，卢嘉锡一行从包头就改乘汽车，从包头到神木，从神木到榆林，从榆林经横山到靖边，从靖边又回榆林，从榆林再经米脂、绥德、延安到西安，卧不暖席，连续几天奔驰在黄土高原上。

茫茫的陕北高原，人们怎么也没想到在它下面竟蛰伏着一条与雄伟的万里长城同向延伸的黑色巨龙；在过去漫长的岁月里，当榆林人挖煤，烧煤，把煤块代砖石砌院墙、垒猪圈的时候，也没想到自己脚下正踩着硕大无朋的煤海。是改革和建设的大潮，使神（木）府（谷）煤田从亿万年酣睡中醒来，向世界敞开宽厚丰腴的胸膛。陕北有特大煤田的消息震惊了中国，震惊了世界。

从陕北的神木、府谷到内蒙古的东胜，一大片煤海，沟谷、河床、路边，到处可见煤层出露。世界上储量在5000亿吨以上的特大煤田只有7个，我国陕西、内蒙古接壤地区的鄂尔多斯聚煤盆地储量近2万亿吨，已稳居世界8大煤田前列，世界罕见。神府煤田不仅储量大、易开采，而且具有特低灰、特低硫、特低磷、发热量高的宝贵优点，经过中美双方技术人员详细化验分析后共同认为，它的各项主要指标均居世界领先地位。著名的大同优质煤，经过精洗之后才能达到这个水平。优质动力煤和气化用煤是发达国家和地区所特别欢迎的，近年已有数十家外国企业和财团闻讯前来，表示了热切的开发愿望。

6月4日，卢嘉锡一行来到被誉为“大漠明珠”的大柳塔煤矿。这里正在建设全国最大的现代化高产高效矿井，看着黝黑铿亮的乌金被大巷运输传送带飞快地送上洗煤厂和巍峨矗立的储煤仓，他的眼睛也发亮了，大声说：陕北大开发的序幕已经拉开了！特大煤田的发现，为榆林地区从根本上脱贫致富提供了极好的机遇，人们再也不用守着煤海乌金讨饭吃，要以煤炭开发为龙头，带动经济、社会全面发展。当务之急是要解决运力的制约问题，改变“以运定产”的状况。

卢嘉锡回忆说：1989年我率组到渤海湾考察，向中央建议建设黄骅港为神府煤的出海港，这项建议现在已被采纳，希望从神木到黄骅港的西煤东运第二大通道早日建成。针对当时矿山、铁路建设还不允许引进外资的情况，他上书中央建议允许华能精煤公司从海外引进资金，合资进行煤矿、铁路、港口、电站的一体化建设，以便尽快将陕北的资源优势转化为商品优势、经济优势。这项建议得到政府有关部门的重视。他希望像华能精煤公司这样的中央大企业在开发地方资源时，要注意带动当地发展经济、脱贫致富；而地方则应把支持国家重点建设项目作为自己责无旁贷的任务，并在中央大企业的帮助和带动下，在为国家重点建设项目服务中，发展地方经济。

榆林地区当时已发现8大类40多种矿产资源，除煤炭之外，气田也居全国第一。考察组从榆林沿着长城往西南来到靖边县，这里处在陕甘宁盆地天然气大气田的中心区域，储气量富，开采条件最好。考察组到这塞外宝地，参观天然气田的始发井和点火井。大家饶有兴味地观看井口点火，开关一打开，几十米外的管道口燃烧起来，喷吐的熊熊烈焰照亮了广漠的原野。卢嘉锡却特别注意观察井口仪器，记住显示器上的数据——250。考察组驱车再到数十公里外看另一个气井点火，他仍然去察看仪器上的数据，欣喜地说："也是250！"陪同的长庆石油勘探局的史局长会心地笑着说："是的，两口井气压一样，卢老看到点子上了。"俗话说，外行看热闹，内行看门道，这里有什么门道？卢嘉锡向大家解说：相距几十公里的两口井，气压一个样，说明底下是相通的，不是鸡窝式的，是整装连片的大气田。史局长告诉大家，我国著名的地球物理学家翁文波曾说，发现这个气田，其意义不亚于发现大庆油田。卢嘉锡说：看来这个气田不仅是国家级的，而且可能是世界级的。

听到这里，大家心里都燃起一把火。西安来的同志希望这里的天然气管道通到西安，北京来的同志则希望引这里的天然气使首都"气化"，以更洁净的大气环境争办奥运会。考察组认为，在规划建设通往北京和西安的输气管线的同时，也可以适当地做好就地转化工作，在当地建设天然气化工项目，并积极开发下游产品，以促进地方经济的发展。

考察组来到榆林城东北郊的七里沙。他们当中有人曾于1958年来过，那时站在七里沙高处往南看，"榆林"没有林，只见漫天遍野黄沙滚滚直逼榆林城，茫沙丘已经与城墙同高，眼看就要翻越城墙把榆林城吞没。而今站在七里沙高处往南看，“榆林”真有林！油松、杨树混交林沿榆溪河两岸和公路两旁形成浓密的林带，紫穗槐一片片像棋子布满棋盘，沙打旺像巨网把流沙分割固定住。由于形成了“乔、灌、草”结合、“带、片、网”结合的防风固沙体系，榆林大地上林草葱绿，牛羊成群，牧歌悠扬，别有一番诗情画意。看到这幅图景，卢嘉锡说：这使我想起1985年我到意大利参加第三世界科学院大会，诺贝尔奖获得者萨拉姆院长对我说，想办法为第三世界培训一些治沙人才。我看榆林真是有治沙人才呀！卢嘉锡身旁的榆林同志告诉他：有关方面正准备在榆林召开国际沙区开发利用研讨会。卢嘉锡说：这是很有眼力的选择，榆林应当再接再厉，成为我国乃至第三世界治沙的一个典型。

把流沙固定以后还要进一步引水拉沙、推沙造田。榆林人开挖马槽井，打成多管井，从沙底下引出水来灌溉良田。金鸡滩乡由于发展井灌工程，现在的水地面积达到36000多亩，是1984年的6倍。怪不得现在榆林人已经不愁没大米吃了。

治河造田的成绩更大。出榆林城汽车沿河驶向横山，昔日荒芜的河流两岸，如今不但绿树成荫，而且水田连片，稻苗涌波，恍若行驶在江南的茂林沃野。考察组的车队在河畔停下来仔细观赏“塞上江南”的旖旎风光！“这是什么河？”“这是无定河。”啊！无定河，多么熟悉的名字！卢嘉锡没等大家开口就充满激情地说：“记得有两句唐诗：‘可怜无定河边骨，犹是春闺梦里人。’过去我还不知道它在什么地方，今天到河边来了，景象完全变了。那两句诗现在应改为：‘喜看无定河边景，垦得良田乐万家！’”

榆林人没有停步坐下吃大米，而是计划再造水田60万亩，加强农田基本建设，完全解决温饱问题。

榆林的公路多半还上不了等级，汽车在崎岖不平的路上连续颠簸了九天，有时一整天都奔波在公路上，年轻记者禁不住关切地问：卢老高龄？卢嘉锡以他特有的风趣和科学家的精确回答：76.7岁。记者的倦容在赞叹和欢笑中顿然消失。登高时年轻人要搀扶卢嘉锡，他却说：我还没那么老，我才38公岁。卢嘉锡正是以不服老的精神，率领考察组行进在陕北的沙漠草滩、丘陵梁峁，他总是那样乐观健旺，一路上谈笑风生。宾馆食堂常用杂粮做些风味食品招待，并问他吃得惯吗？他回答：我是高血脂嫌疑犯，吃杂粮“正中下怀”。离开一个宾馆时，服务员关心地提醒：你们东西都带了吗？卢嘉锡回答：除了你们的杯子没带走。说得大家开怀大笑。

不到十天时间，考察组研究了40多份书面材料，考察了四个县市几十个单位，同当地党政领导座谈五次，与专业人员座谈三次。他们对榆林的经济和社会发展提出一些咨询意见，受到普遍的重视。

榆林地区是世界少有的综合型能源的良好开发区，但这个资源的富集区却是经济的贫困区，这种强烈的反差说明加快开发的迫切性，实现腾飞具有巨大潜力。榆林人民决心抓住机遇，奋起急追，以煤、气等能源的开发建设带动地方经济的发展，以地方经济的发展促进煤、气等能源的开发建设，力争用一二十年时间，把榆林建成我国西部较为发达的一个地区。他们认定科教兴榆的路子，一再表示：希望农工党把榆林作为长期的咨询联系点。

在告别榆林的座谈会上，卢嘉锡代表农工党中央致辞说：榆林人民的厚爱我们铭记不忘，既然承蒙不弃，那我们就高攀了，让我们双方结亲吧！说到这里，全场响起经久不息的热烈掌声。

1992年6月20日，江总书记在党外人士情况通报会上称赞说：“一些民主党派的主要负责同志，还深入实际，调查研究，就区域性、专业性的经济发展战略进行论证，提出了不少好的建议。”坐在他旁边

1992年，陪同卢嘉锡副主席在西北考察（右一为笔者）

的卢嘉锡从榆林返京才四天，还惦记着榆林，真是眉宇犹带风沙态，心间紧系陕北情，正在思谋如何实践对“亲家”的诺言。

在内蒙古为煤的清洁高效利用出谋

怀着西部大开发、增强全国经济发展后劲的强烈愿望，考察陕北的翌年，1993年7月，应内蒙古自治区人民政府之邀，卢嘉锡率农工党中央考察咨询组来到东胜—包头—呼和浩特“金三角”，首先在东胜大煤田进行考察，为国家能源战略的西移和黄土高原的发展出谋献策。

卢嘉锡来到鄂尔多斯高原的明珠——东胜市。随着神府—东胜特大煤田的发现、开发和国家能源战略的转移，煤海上的这个新城迅速崛起，成为潜力巨大的能源工业城市。卢嘉锡无心观览市容，风风火火地扑向热气腾腾的矿区。去年他到神府，今年再到东胜，要亲眼看看世界罕见的晋陕蒙“乌金三角”的这一角。沿着乌兰木仑河（蒙语意为红河），河岸边，河水下，到处是煤，只要铲去河床地表一层土，大地就敞开乌黑的厚厚煤层，无涯无际，真是举世无双的聚宝盆！怎样加速献宝？前两次考察，卢嘉锡主要在献宝的线路、港口、资金以及基地建设上出主意，许多已被采纳。尽管从神木到黄骅港的第二条西煤东运大通道已着手建筑，但铁路运输总也赶不上采矿发展的需求，这次他要进一步考察，除了直接将煤运出之外，还能采用什么办法加速煤的开发和应用。考察中，卢嘉锡提出应当在煤的转化上大做文章，为煤的清洁高效利用出谋。

煤不仅是能源，而且是各种有机化工产品的原料，在内蒙古建设煤化工生产基地，把煤转化为化工产品，这是一条路。卢嘉锡一行还特地到包头的煤化工基地厂址察看，提出一些咨询意见。将煤液化为合成汽油，变煤为油，这又是一条路。南非、美国、苏联在这方面已积累了技术和经验，可以借鉴。内蒙古主要负责人对此很感兴趣，说：煤转化为油，这关系到国家能源战略的大问题，卢老这次提出这个战略，如能解决好，是个大贡献。

就地建成发电厂，变运煤为输电，发展远距离大容量输电技术，这是又一条路。卢嘉锡一行风尘仆仆来到热火朝天的达拉特发电厂工地，这是国家“八五”重点工程，已与北京签订合同，1995年向北京送电110万—150万千瓦，帮助首都解决缺电拉闸问题。这个电厂规划的容量是500万千瓦，从目前看是亚洲之最。不久的将来，一座大型煤电基地将建起在鄂尔多斯高原南端。考察后，卢嘉锡高兴地为达拉特发电厂挥毫题字：“把内蒙古能源基地建好，为现代化建设多做贡献。”

卢嘉锡认为，发展内蒙古经济，要把发挥地方资源优势同引进先进技术和管理结合起来，改变单纯出卖资源、高消耗能源的状况，走提高产品科技含量的道路，将资源优势转化为产业优势、市场优势。

在这方面内蒙古已有成功的经验。鄂尔多斯的阿尔巴斯白山羊绒质地优异，可是过去没有开发这个资源，1979年成套引进国外先进技术设备，建立伊克昭盟羊绒衫厂，加工生产出被世界羊绒市场誉为“纤维宝石”的“中国一号无毛绒”，又制造出50多个品种、400多种花色的羊绒系列产品，销往日本、美国、意大利等28个国家和地区，成为当今世界最大的山羊绒加工企业之一。内蒙古第二毛纺织总厂是1958年建的老厂，目前工厂设备、技术已经全部进行了更新改造，30多年来累计生产精纺呢绒6000多万米。卢嘉锡到厂考察，肯定他们“靠技术改造增强企业后劲，靠技术进步提高企业效益”的经验，挥毫赞扬他们：“织成锦绣妆寰宇，纺就云霓绕地球。”

到包头大声疾呼保卫稀土

包头的白云鄂博矿拥有世界最大的稀土资源，为突出稀土的优势，“包钢”的全名改为包头钢铁稀土公司。考察稀土产业，也是卢嘉锡此行的重要目标。

稀土和金、银、铜、铁、锡一样，是一组金属元素，17个元素，通称“稀土元素”。稀土元素的电子结构非常特殊，具有极为丰富的光、电、磁、热特性，它们与其他元素结合，便可组成品类繁多、功能千变万化、用途各异的新型材料，且性能翻番提高，几乎每过三到五年就会发现稀土的一种新用途。稀土以奇异的效能被誉为现代工农业生产的“维生素”“新材料宝库”。平均每四项高新技术发明中就有一项与稀土相关。在军事、石油、化工、冶金、纺织、陶瓷、玻璃、永磁材料等领域都得到了广泛的应用。从最新潮的黑莓手机到最前沿的电动汽车，小到心脑手术用支架、半导体材料，大到尖端武器、飞机材料，稀土都与人类形影不离。近几十年来，在新材料和高科技领域的稀土应用技术突飞猛进。1999年，美国国防部宣布了未来与国防材料相关联的35种关键元素，稀土元素占了其中的15种，是极其重要的战略资源。稀土科技一旦用于军事，必然带来军事科技的跃升。如大幅度提高用于制造坦克、飞机、导弹的钢材、铝合金、镁合金、钛合金的战术性能，而且，稀土同样是电子、激光、核工业、超导等诸多高科技的润滑剂。中央领导同志曾有言：中东有石油，中国有稀土，一定要把稀土搞上去。

当时，中国稀土的工业储量占世界总量的80%，包头的稀土工业储量占全国的95%，大力发展包头的稀土工业，不仅对包头和内蒙古具有战略意义，而且对于推动全国的技术进步和经济发展具有战略意义。

考察咨询组到包头首先来到包头稀土研究院。作为化学家，卢嘉锡来这里仿佛回到自己的实验室与老友相逢，一切都是那么亲切。他边看边说：1933年秋我在大学四年级时就与稀土结下缘。几年后到伦敦留学，我的导师萨格登博士又正在研究稀土化合物的磁性。在英国搞到一点稀土很不容易，他每天早上手提十几个试管，每个试管装一点点稀土，像宝贝似的，哪像我们这么多。在我们中国，稀土并不稀，合理开发，会像中东拥有石油那样，成为我们的一大优势。

看到介绍稀土的元素周期表，卢嘉锡指着序数71的镥（Lu）笑道：这个“镥”跟我这个“卢”同音，有的熟人听信笑话，还以为是我发现的。可惜在我出生前就已经被人发现去了，出生恨晚啊。说得大家笑起来。他看到这个研究院得到的“国家级进出口稀土产品商检单位”的“认可证书”，又听说单一稀土的纯度可以达到5个“9”甚至6个“9”，高兴地说：这个很不容易，过去连一个“9”都做不出来，稀土的检测更是大问题，现在能达到这个水平，可见我们的研究能力已相当不错。他指着一个深颜色的试管说：这里是钕吧，钕的颜色深。在旁边的稀土专家倪嘉缵教授说，钕铁硼是很好的稀土永磁材料，我国研制出来的时间大致与国外差不多，而且能大批生产，可是人家先申请了专利，我们只好用巨金买人家的专利使用权。卢老听了扼腕道：钐铁氮的情况也很可惜，当时如果我们加强基础研究、加强高新技术研究，这些稀土新材料本可由我们先做出来，让人家买我们的专利使用权，现在却要被人家卡几十年。

休息时，倪教授介绍说，第三代稀土永磁材料钕铁硼仍有缺点，北京大学物理系杨应昌教授80年代就着手研究第四代稀土永磁材料，取得很重要的进展。后来他的研究生到国外的研究集体中继续这项研究，寻到了钐铁氮化合物，首先发表论文并申请了专利，于是这第四代稀土永磁材料的专利权又不属于我们。

根据卢嘉锡的意见，农工党中央向国务院递送了考察咨询报告，建议强化国家对稀土工业的组织领导和宏观调控；建议国家加速发展稀土的高新技术产业，增加对稀土新材料和新技术的科研投入，努力形成稀土产品的深度加工系列，动员和组织全国的稀土科研力量联合起来，努力办好包头稀土高新技术产业开发区，尽快改变目前主要出卖稀土初级产品的局面。

很快就探知一件严重的事实，包头稀土面临“兄弟阋于墙”的威胁。前几年，稀土的开采一哄而起，出现了自50年代末以来的第三次过热，中小规模的冶炼厂失控，产量超过国内外市场需求，又多头出口，互相竞争压价，扰乱了我国的外销市场，如单一稀土价格从1988年每吨12万美元，降至1991年3.255万美元。卢嘉锡闻悉，痛心地说，这是“自相残杀”！

日本没有稀土矿，所需稀土全部依赖进口，九成来自中国，却身为世界稀土消费和生产、出口大国。它已廉价从中国购买、储备了能用100—300年的稀土，并不急于使用，而是存于海底，以应对未来能源之需。美国在中国稀土资源没有与世共同分享之时，稀土消费和氟碳铈矿产量一度居世界第一，80年代初随着中国稀土流出，美国“战略矿物原料特别工作组”以总统的名义，向国会提交一份长达33页的报告指出，必须加强稀土储备。当时稀土储量居全球第二位的美国，逐渐减少直至停止开采本国资源，封存了国内最大的稀土矿芒廷帕斯矿，钼的生产也已停止，转而每年从中国大量进口（到2011年时，美国稀土工业储量已从1989年的占世界的12.3%，跃升到占世界的40%，居世界第一）。相反，中国大采滥采，然后低价出口到美、日等国，供应着全球九成以上的稀土，留下来的只有严重的环境污染和资源破坏（到2011年时，中国稀土工业储量已从1989年的占世界的80%，降到只占世界的23%，从原来的世界第一降到第三）。当时法国就有文章说：“由于中国的失误，丧失了稀土强国的地位。”

为此，在农工党中央的报告之外，卢嘉锡以自己名义单独给当时的中共中央总书记和国务院总理打报告，专门“就发展我国稀土工业问题提出看法”：对稀土矿的开采过热，中小规模稀土冶炼厂建设过多，宏观失控。国家对稀土产业要加强宏观调控和政策引导，由统一的领导机构加强组织领导，及时研究情况，制定政策，协调发展，把资源优势转化为技术优势、经济优势，为尽快建成世界稀土强国而努力奋斗！

考察咨询组了解到，内蒙古的同志总结了过去的教训，认识到要发展稀土工业，必须走联合的道路，它们于前年成立了包头钢铁稀土工业集团，把内蒙古和甘肃的大稀土厂按经济规律联合起来，在集团内部逐步实行“产供销人财物”六统一的管理体制，确定产品的最低限价，统一对外，使稀土产品的价格回升到合理水平。例如，氯化稀土已从每吨5000元左右回升到7700元，最近统一向法国出口每吨达1320美元，扭转了赔本外销的局面。卢嘉锡感到，在国内经济生活中，见到某种生产有利可图就一哄而起，出现过热和过剩，然后“自相残杀”，转产倒闭，造成国家损失的情况，屡屡出现，不限于稀土产业。包头钢铁稀土集团的做法，为如何建立和完善社会主义市场经济体制提供了新经验，值得重视，值得认真总结和推广。首先南方的稀土企业应当汲取包头的经验，遵循市场经济的规律成立企业集团，加快联合步伐，以提高整体经济效益和在国际上的竞争能力，使我国的稀土工业走上健康发展的大道。

后来的事实证明卢嘉锡是很有远见的。由于我国盲目、无序、大规模地开采和出口稀土，加上违法分子大量地偷采和走私，产生了许多问题，如环境严重污染、资源严重破坏、价格被外资操纵，等等。中国不仅没有从宝贵的稀土资源中获得应有的利益，反而付出沉重的环境和资源代价。浸取矿石用的浓酸、开采伴生的放射性元素、制造的有害有毒气体液体……从开采到冶炼的整个过程都伴随着严重污染，这些污染甚至直接威胁着地下水安全，危及人体健康。而且开采还可能带来山体松动、滑坡等问题。

在严酷的现实面前，2010年商务部采取了措施：削减稀土出口配额及产量。这举措本来是主权国自己的事，如前所述美国在80年代就已采取措施，而2012年3月13日，美、日等国却向世贸组织起诉中国的举措。日本富士电视台竟称，国际社会早就应当联合起来，对中国自私的做法予以制裁。——真是霸道逻辑！如果让他们的霸道继续下去，按照目前的状态开采稀土，世界最大的白云鄂博稀土矿可能在20多年内消失。中国的稀土资源将日趋枯竭，那时候人家就将卡我们的脖子！

加拿大多伦多一位华人观察家写文章分析说：美国等西方国家为维持经济、军事发展后劲，为保护环境和子孙后代利益，纷纷禁止开采国内稀有金属，停止冶炼焦炭。可是他们的生产生活又离不开稀有金属和焦炭，特别是作为世界最大ammo商的美国，制造尖端武器更是离不开稀有金属。他们越是禁止国内生产，就越要强使中国生产。他们在WTO起诉中国，要强制中国敞开稀有金属和焦炭出口，只要再过10多年时间（中国绝大部分稀有金属还只能开采10多年），他们就将基本掏空中国的稀有金属资源，毁坏中国的生态环境。当中国稀有金属被掏空时，中国就彻底丧失了尖端武器制造能力。

闽西红土地话今昔

卢嘉锡每年率组咨询，许多地方纷纷前来邀请，他的祖籍地——福建省永定县特别殷切。卢嘉锡说，看来该到福建走一趟了。1994年10月上旬，应福建省人民政府之邀，卢嘉锡率领的农工党中央咨询考察组来到龙岩地区。

一踏上当年中央苏区的这片红土地，喝上清甜甘洌的汀江水，卢嘉锡就沉浸在感情的波涛之中。

1994年，陪同卢嘉锡副主席在闽西考察

10月13日，卢嘉锡率组来永定县。鞭炮轰鸣，人头攒动，乡亲们热烈地欢迎这位科学巨子回到自己的祖籍地。原来200年前卢嘉锡的高祖洁斋公“由汀永而莅台”（“汀永”指“汀州府永定县”，因清代永定县属福汀州府所辖），离开这里，赴台湾开基，并定居台南。100年后，卢嘉锡的曾祖父又从台南携家来到厦门。“自古闽台一家亲”，真是一点儿也不差。

卢嘉锡不是专程来寻根访旧的，他是为中华这个大家族而奔波。沿着浩浩江水，他来到汀江末端的峰市。这一带群峰攒立，两岸青山骤然靠近，江面狭窄，水流湍急，浪花翻卷，如朵朵棉花，因名棉花滩。沿清江而来的航船，至此无法航行，乘客货物都要舍舟登岸，陆行几公里后，过福至亭再到广东的韩江乘船而下，峰市因此而成为闽粤赣交界水陆交通的转运口岸，繁荣发展成为闽西的小香港。到了1958年，拟议要新建棉花滩水电站，峰市属库区范围内，将被淹没，因而不再建房，在等待搬迁中逐渐萎缩。可是一等就30多年，闽西人民盼水电站真是望眼欲穿。如今卢嘉锡一行循着客家先民的足迹，跋山涉水，来到水深流急的棉花滩实地考察，认为这里水力资源丰富，是华东地区尚未开发的最大水电站站址；坝址地形地质条件好，又地处闽南金三角开放区的边缘，建成后不但可以满足闽西南越来越大的电力需求，而且兼有防洪、航运、灌溉、养殖等综合效益，对促进汀江流域的开发乃至福建省经济的发展，都具有重要作用。卢嘉锡回京后，马上向中共中央和国务院上书，陈述“开发棉花滩迎接新世纪”，目前条件已基本具备，应当早日上马。在1995年春全国人大八届三次会议开幕式上，卢嘉锡还提请邹家华副总理关注棉花滩水电站的建设。（在卢老促进下棉花滩水电站不久就上马并很快建成嘉惠闽西。）

交通、电力滞后是闽西山区开放开发的一大障碍，除建水电站外，农工党咨询组希望加快交通主干线的改造和扩建进度，早日建成梅（州）坎（市）铁路，使闽西这块闭塞的腹地，同闽南和广东沿海连成一片，成为现代化的闽粤赣三省交通要冲，沿海与内地过渡带。这是闽西大发展的基础工作。十多年后，这段铁路也建成通车。

闽西是全国著名的革命老根据地，当年有十万人参加红军、八路军、新四军和游击队，近三万子弟兵参加长征，为革命抛洒热血的英烈无以胜数。卢嘉锡一行来到闽西革命历史博物馆和古田会议会址参观，深受激励，分别题词："革命丰碑高耸九霄，光荣传统长传万代"，"发扬古田会议精神，贯彻四中全会决议"。在古田会议会址前，随行人员纷纷与卢嘉锡合影留念，他理解大家的心情站着不动，笑着说："我当模特儿，要收模特费的哦。"大家一片欢笑。

咨询考察组学习老区人民的革命精神，深入工厂矿山农村学校，不辞劳苦，夜以继日，为使这块红土地尽快成为现代化的希望热土而出谋献策。79岁高龄的卢嘉锡，与82岁高龄的农工党中央常务副主席方荣欣，不畏攀登，同咨询组的中年成员一起，来到龙岩市近郊东宫下一座巍峨的"雪山"上，这里是银白色的世界，在阳光照耀下，亮得让人睁不开眼。原来这里是我国四大优质高岭土矿之一，已探明工业储量5000多万吨，以铁钛等有害杂质低、白度高而享誉国内外，是高档精细瓷器的最佳原料，进一步加工，还可作为造纸、塑料、橡胶、油漆以及石化工业的填充料和载体，是闽西红土地上的宝贵资源，而且便于开采。只要先去一层薄薄的表土，就把通体雪白的优质高岭土裸露出来，让人露天开采。宝贝吸引着识家，卢嘉锡走进露天采场，捧起一团团白雪似的高岭土，细细观察，爱不释手。随行年轻人调皮地叫嚷："卢老舍不得丢下高岭土啦！""卢老，放下吧，我们给您带一包回去。"景德镇陶瓷学院胡章富教授说，这里的高岭土比景德镇好得多也多得多，可惜综合利用差，四分之三被作为尾砂舍弃不用。其实这尾砂含94%以上的石英，经过加工可以制成很好的日用陶瓷、建筑陶瓷。胡教授拿出一只景德镇制作的薄胎花瓶，大家传着观赏，拿在手上似乎没有重量，真是薄如纸细如玉，人人赞不绝口，而它就是以高岭土尾砂为主要原料制成的。卢嘉锡看了点头说道，这样做就对了，这样一来，高岭土矿就是两个用处，而不是一个用处。指着弃置成山的尾砂，他心疼地说，四分之三都丢掉了，不仅浪费了资源，而且污染了环境，我们要尽快想办法，依靠科学技术，进行深加工，开展综合利用。

闽西是资源富区，除高岭土之外，铁、石灰石、木材、毛竹等都很丰富，在资源优势基础上发展起来的小水泥、造纸等重点产业，都亟须依靠科技进步来提高产品水平，减少污染，实现产业的技术改造。卢嘉锡率领的咨询组，正是发挥了科技优势，在认真考察的基础上，对科技新区的宏观发展战略和重点产业的微观改造，都提出了一些咨询建议，并分头到工矿企业进行对口咨询。农工民主党中央副主席姚俊和水泥专家，连续几天深入地区水泥厂、东宝山水泥厂，以及三个乡镇水泥企业进行考察，提出了闽西发展水泥生产的思路。造纸专家就造纸的技术改造，提出了具体的设计方案，并代表中国造纸协会卷烟纸分会与龙岩地区轻工局签订了技术合作意向书。区域规划专家，对龙岩地区经济发展的宏观战略和科技兴区规划，提出咨询建议。陶瓷专家与龙岩高岭土联合公司，草签综合开发和研究的合作意向书。农工民主党中央咨询部，与龙岩地区行政公署，签订了关于加强经济技术合作的协议书。龙岩地区聘请咨询组的专家为技术顾问。

龙岩市西北郊的小池乡原是贫困乡，1990年人均收入仅400元。1991年初，农工党龙岩市委主动请缨，定点支援这个乡。他们协助乡领导制定了科技兴乡规划，并帮助落实具体项目，还积极引导农民创办了果树研究会，巩固发展了养鸭协会、食用菌协会等经济技术服务群众团体，建立了一套产前产中产后的服务体系，促进了科教兴乡战略的实施，受到国家民委和中共中央统战部的表彰。这次农工民主党中央咨询考察组，又来到小池乡，卢嘉锡亲访乡养鸭协会，在小屋前，当这位中国科学院前院长与乡养鸭协会会长、汪洋村村民陈廷湘同坐在一条条凳上的时候，养鸭协会的会员们把他们围在中间，卢嘉锡饶有兴趣地问，你们协会做了些什么事？陈廷湘如数家珍般说："1988年协会创办时，全乡养鸭农户只有91户，鸭数不过7000只，现在养鸭百只以上的农户就有237户，鸭数超过8万只，全乡日产鸭蛋2000公斤以上，我们会员人数已超过200人。我们聘请农工民主党的专家做常年顾问，在调控鸭饲料、指导科学养鸭、防治鸭病等方面，做了大量工作。例如，在我乡流行几十年的鸭瘟病，现在已经基本消灭。农工民主党还派专家，经常来做科普教育，举办培训班，现在我们全乡都已脱贫。"卢嘉锡听了连声赞扬："好，这里经验值得推广，不但有科（技）而且有教（育）。"他笑着说："我是教书匠出身，我看教育很重要。"农工民主党决定继续将小池乡作为科教支乡、帮助实现农科教一体化的一个点。

革命战争年代，卢嘉锡不在龙岩，他作为厦门大学理工学院院长率全院师生落户龙岩白土乡（现东肖镇）是抗美援朝的1951年。43年之后，旧地重游，还特地来到白土，来到龙泉村，找到当年寄寓的民房。当年的房东媳妇，如今年届花甲的林淑珍，听说卢院长回来，连忙从龙岩市区赶回来，把老房子打扫得干干净净。卢嘉锡一行刚到村口，林淑珍和乡亲们就扶老携幼跑出来迎接。老乡亲拉着卢嘉锡，口口声声称院长。卢嘉锡说："你们当时都叫我胖院长。”林淑珍说：“我们都盼院长回来。”卢嘉锡问：“你们没想到我会回来吧？”乡亲们答：“我们非常想念你，看电视常常看到你。”卢嘉锡说：“我现在成了电视明星了。”说得大家笑开怀。卢嘉锡还记得当年出入的路径，要找边门上楼。林淑珍赶紧拉住他，说：“迎贵客，要走正门。”卢嘉锡说：“你这是做什么哟？我不过是个教书匠，怎么当成外国总统啦！”他不改诙谐的常态，眼睛却也湿润了。这时候鞭炮也响起来了，乡亲们把小院落挤了个水泄不通。一位拄着拐杖的老大娘，摸着卢嘉锡，颤巍巍地说：“没有变，就是这么高！”卢嘉锡笑着说：“再也长不高了。”乡亲们大笑。一位豁牙老大娘还说：“你有个儿子就在这里出生。”卢嘉锡说：“是的，那是老五，他的名字就是这个村的村名。”乡亲们说你把他带回来认认家。乡亲们让卢嘉锡吃糖，不爱吃糖的他，破例拿了一块放到嘴里，好长时间还在吮着，品尝着甘甜。

卢嘉锡还在到处寻找当年作为厦大理学院院长办公室的“罗陈宗祠”，找到溪连村张家，他记得当年自己特别尊重知识分子，是他亲自安排化学系一位教授住在这家。当地干部介绍说，这个村400多户，出了400多个大学生，爱国华侨出资设立奖学金、奖教金，重视教育已成为传统。卢嘉锡高兴地看到，就在1951年厦大理、工两院落户地方的附近，巍然耸立起闽西大学的高大楼房。他愉快地为这所大学题写了“团结　勤奋　求实　创新”八字校训，又挤出时间亲自来到这里，勉励师生：致富先育才，要办好教育，如果没有教育做基础，科技容易落空。要把发扬光荣革命传统同新时期创业精神结合起来，创造更加美好的新闽西。

龙岩满街摩托奔驰，市领导说，现在市区平均每户一辆摩托，过去大姑娘只敢坐在摩托后座，现在却自己驾着摩托飞奔。卢嘉锡说：“当年连自行车也难得见到，我只能坐在自行车后座上，让骑车人从白土把我运到城里，一般人如果出五角钱，我就要花六角钱，因为我比别人胖。”大家听得又笑了。一路上，不少龙马牌农用运输汽车在阳光下熠熠生辉，市领导说，这是我们龙马集团公司自己生产的汽车，产值、销量、利税都名列全国榜首，畅销全国各地，还出口到印尼、越南等国。自行车—摩托车—龙马车，象征着龙岩的三个时期，卢嘉锡衷心祝愿龙岩以龙马精神勇往直前。

在1997年卸任农工党主席之前，年登耄耋的卢嘉锡几乎每年都进行大型科技咨询，北上南下，东奔西赴，年年不辍，乐此不疲。在他看来，这是他实现“科教兴国”宏愿的大好时光，他必须抓住这个机遇，让生命放出最大的光和热。他提出的许多富有真知灼见的意见和建议，得到中共中央和国务院的重视和好评。他和农工党其他领导人一起，带领各级组织和广大党员，认真贯彻“长期共存，互相监督，肝胆相照，荣辱与共”的方针，呕心沥血，努力工作，使农工党在参

1994年，同卢嘉锡副主席在客家土楼

政议政、社会服务和自身建设等各方面都取得很大进展。他为坚持完善人民代表大会制度、坚持和完善中国共产党领导的多党合作和政治协商制度、巩固和发展爱国统一战线、促进祖国统一大业，做出了积极贡献。

跟人民不能距离太远

卢嘉锡从科苑、教坛走来，成为20世纪后期登上中国最高政治舞台的少数科学家之一。要说做“官”，他已经做得够大的了，但他的“官”念非常淡薄，一点“官气”也没有，填写履历表时，他总是先写教授、研究员，然后才填“官”职。他说，教授、研究员是他的“终身职务”，而官衔只不过是“临时户籍”罢了。他总是叮嘱他工作部门的干部，不要对他用“官”称，不要称什么“长”、什么“主席”，如果实在不好意思直呼其名，那就称“卢老”好了。对于年龄比他小的同志，他说，很抱歉，在年岁上你们永远没法赶上我了，所以不能不让你们称“老”。他还常常以“教书匠”自诩，所以也不反对人家称他“卢先生”。大致上，厦门大学、福州大学、物构所的旧雨多称他“卢先生”，中国农工民主党、全国政协、全国人大的同志则多称他“卢老”，这两个都是没有级别却饱含着崇高敬意的称呼。

他原有惊人的记忆力，直到80岁还记得清清楚楚：离沪出国留学是1937年8月17日，到达英国伦敦是该年9月24日；1945年11月21日离开美国旧金山回国，12月6日到上海，回到厦门的日子是1946年1月3日。学术上的事他更是镌刻在心，永不模糊。但对官职他却特别健忘，以至于有时要“赖账”。例如，多少年来，当人家说他曾任厦门大学副校长时，他都“赖账”不承认，说只担任过校长助理。直到1994年为他写传记，在厦大档案馆里查到当年的原始材料才证实：1959年12月任命卢嘉锡为副校长。从校长助理升为副校长，这不是无足轻重的事，而他却不在意。俗人窥视钻营的权位他却淡然。

对于社会的荣誉头衔他也极为淡漠，甚至为自己头上的这种“帽子”太多而不胜烦恼。他曾笑语苏步青教授：我戴的帽子有多少？那就是您的大号——“数不清”！20世纪90年代初，有一次他到农工民主党中央机关，经过鼓楼附近的帽儿胡同，触景生情，感慨地说：“帽儿胡同，可以卖帽子吗？我要卖掉一些。”

卢嘉锡从全国政协副主席迁任全国人大常委会副委员长时，小女儿紫莼从美国来电话，模仿他的语调说：恭喜你头上的帽子又大了一圈。他回答：那你是恭喜我的头又大了一圈。原来闽南话、福州话都把头胀叫作头大。头胀者伤脑筋也。

一些在世俗眼光中被视为高贵象征的待遇，也成了他诙谐的话题。80年代末的一天，他因接待海外客人，顺便前往中国科学院广州分院，一进门就打趣地说：“在从中国科学院院长岗位上退下来之前，我没能来看大家，这次是来请罪的，你们看——”他指着为执行保卫任务一路为他开道、刚停在门口的警车说：“我是让公安局‘押解’来的。”他很不喜欢外出时前呼后拥，说：人家（指海外朋友）还以为卢嘉锡当了什么大官。他对乘车的级别也毫不在意，因此还出过麻烦：北京正负电子对撞机奠基时，中国科学院安排由他主持奠基仪式。他因座车不够高档，被警卫拦住不许进，幸亏有位大首长的车子来了，他搭坐进去，才“蒙混过了关”。

1989年，他曾语重心长地对身边工作人员说：“我们跟人民不能距离太远。”正是因为不愿脱离人民、深具平民意识与平等观念，才使他具有上述颇具矫世变俗意味的言行，才使他总是那么平易近人、和蔼可亲。

在他工作过的单位，走在路上，和他打招呼的人特别多，不论是办事员还是清洁工，都是他的亲切交谈者。如果是熟人，他总喜欢拍拍人家肩膀，关切地问："怎么样？"由此"领起"推心置腹的交流。他从不训斥人，当家长不训斥子女，当老师不训斥学生，当领导不训斥下级。相反，当下属或学生辈完成一项本该做的事时，他都要道声谢谢。世俗的势利者衡量人的唯一标准是对方的地位，他却尊重人的人格，职务有高低，人格是平等的。卢嘉锡葆有平等意识，在大家心目中，他犹如自己亲切的父兄，有事都愿意找他倾诉或求教，他总尽力帮助排忧解难。对于来访者，哪怕是年轻人，他都要彬彬有礼地送到门外或门口。偶尔有件什么不尽如人意的小事，他都要向人家道声对不起。有天清晨，他在人行道上散步，被骑自行车的青年撞倒，连新裤子都被刮破了，他从地上爬起来，竟然还习惯性地说了句"对不起"！

由于他十分尊重别人，所以备受人们尊重。

他一向戒奢崇俭，曾举陈嘉庚为例教育青年：有一次，一位地区级领导招待陈老先生吃饭，桌上摆满了山珍海味，陈老先生吃了没几口就离席而去。主人不解，以为陈老先生嫌吃得不好。事后旁人告诉他，请陈老先生吃饭，一碗红薯稀饭足矣。陈老先生为了实现人生大目标，视荣华富贵如粪土，节衣缩食，以苦为乐，堪称世人楷模。

卢嘉锡这样称道陈嘉庚，也是夫子自道。他经常为公用厕所关水龙头，为已无须照明的场所关灯。有一次在火车上闲聊，他说：从厦大开始，我的办公室总是在厕所对面或旁边，有时一夜听哗啦啦的流水声，总是我去关水、关灯。我总告诫孩子，这水一晚上流量以吨计，用电打上来，白白流走，实在太可惜。

连到国外访问，看到淌水的龙头，他也随手拧紧。随行的工作人员笑他：外国资本家还要你节约吗？他回答：习惯了。在国外访问，只要是自己支配，他就吃得很简单，很节约，但给侍者的小费却决不吝啬，他说，不能让人家说我们中国人小气，要维护好中国人的形象。为此，他也很注意仪表的整洁端庄，在正式场合，无论天气多热，他都着装正规，有时内衣都湿透了，也在所不顾。

摆脱了一份官气、俗气，就增添了一份豁达、潇洒。幽默是超脱的高级产物，是居高临下的一种心态。卢嘉锡性格豁达开朗、幽默风趣，往往人未到，就先听到他爽朗的笑声和洪亮的笑谈。他的“谐趣思维”特别发达，在广博学识的基础上，他思维敏捷，联想丰富，经常巧喻联翩，妙语连珠。他把自己的胃比作锅炉，把扶贫工作的咨询组比作脱贫致富的催化剂，戏称开车接他的女婿为“马夫”，戏称自己满足合影者的要求为“当模特儿”。抓物构所的研究工作、总结成果、到世界上交流，他把这三个阶段形象地比作种桃、摘桃、卖桃。他把自己经常被邀出席会议、出现在荧屏上，自嘲为“成了电视明星”。他说中国知识分子“价廉物美，经久耐用”。他说中西部地区要因地制宜地贯彻好知识分子政策，否则不但孔雀东南飞，连麻雀也会东南飞。

他不但善于创造趣语、妙语，而且善于提炼警语、格言，如三个“面向”、三个“立足”、三个“一些”等。他喜欢将古语和流传的话语稍加修改，翻出新意。过去讲中国的优势是“地大物博人口众多”，他说内蒙古的优势是“地大物博人口不多”，一字之改，切合区情。他改用曾子的“三省”，意义更加深刻。

言为心声，语如其人。卢嘉锡的话语和为人，与那种“语言乏味，面目可憎”恰成对比。

卢嘉锡可谓采中西文化之精华于一身。他自小就受传统文化、传统美德的熏陶，由于家教严格，基础很扎实，根扎得很深，他的立身、行事、著述无不显现出浓浓的民族底色，他的“吾日三省吾身”的箴规，“苟利国家生死以”的信条，都是传统文化、传统美德在当今的新应用和新发展，是民族魂活生生的体现。

任何民族文化都必须跟上时代的节拍，吸收人类的文明成果，特别是现代科学的成果，使民族精神不断提升。卢嘉锡是幸运的，与同时代的国人相比，能同他一样接受传统文化熏陶的也许不算太少，能同他一样汲取西方科学精髓的却不算太多。他不仅负笈英美8年之久，亲炙于鲍林、萨格登这些20世纪科学精英，深入了人类创造的先进科学的堂奥；即使在国内，他早年师从的许多科学家，也是经过严格科学训练的科学之道的传道者，他从他们那里接受了科学的洗礼，例如直到晚年还津津乐道张资珙教授的“化学家结构式”C3H3：

Clear Head（清醒的头脑）

Clever Hands（灵巧的双手）

Clean Habit（洁净的习惯）

以上C3H3是一个化学家应具备的品格，这使他终身受益无穷。大凡接近过他的人，都能深切感受到他所具有的清醒、严格、准确的科学精神和洁净、有序、灵巧的科学作风。

凡是他约见人家，他都事先到场等候，甚至会因为惦记着这个时间而不能入睡或早早就醒来。1993年6月的一天下午，河南某出版社周社长如约3点钟到他的客厅。这时，原清华大学副校长、欧美同学会副会长、著名科学家张维正在与卢嘉锡商谈筹建中国工程院的事。他看看表，对素不相识的周社长说：“噢，你是约好3点，来得很准时。”转脸对张维说：“你是插进来的，不能占预约人的时间，你该走了。”随即送走这位老朋友而接待一位普通客人，表现了科学家的准时守信和平等待人，不以势利眼看人。

1989年春，西煤东运第二大通道出海口的比选进入紧张阶段，竞争更加激烈。卢嘉锡率组经过实地考察，已认为以黄骅港为宜。当他来到参加比选的某大城市时，该市领导介绍有利条件，希望考虑选该市。卢嘉锡直言不讳地坦率表示：你们条件虽然不错，但黄骅更适合，我们支持选黄骅港。该市有人议论：还没见过有这么说话的。是的，卢嘉锡不懂得圆滑，他严格按科学办事，真诚按科学讲话。正是这样的人，人民信得过，国家信得过，历史信得过。无怪乎，他不愿做官，“不会”做官，而“官”却越做越大。看来这也是符合辩证法的。科学来不得半点虚假，做人也来不得半点虚假。

一个真实的人生，在展开86年的辉煌历程之后，于2001年6月4日到了臻于至善的终点。科学和教育是他生命的两根琴弦，借以弹出爱国主义的华彩乐章。古人谓人生“三不朽”：立德、立功、立言，卢嘉锡已臻此佳境。

发展传统美德　建构新道德规范

在1994年春的全国政协会上，我提出加强道德建设和编写新三字经的建议，全国有几十家报刊做了报道，可见舆论界已重视道德建设。现在要进一步讨论如何发展传统美德建构新的道德规范。

传统道德本来就不能简单地等同于旧道德。在历史发展中，失去存在价值的陈旧东西不断被淘汰，有生命力的东西富有绵延性，一代一代流传，成为传统。我们必须看到，我国的传统道德中确实包含着中华民族在千百年来的劳动和社会交往中积累起来的优良道德传统。这种传统美德不仅在历史上为当时的社会发展和进步所需要，成为社会前进的精神力量；在今天，也仍然顽强地存在于人们的意识和潜意识中，成为新道德建设的根基，成为现代化建设的一种精神支持。

历史是不能割裂的，传统是不能中断的，今天的中国是历史的发展的中国，今天我们要建设的新道德只有与人们意识和潜意识中的传统美德相承接，才能成活，才能发展。任何新体系的建立，都必须借助于前人积累的思想材料，离开传统道德材料，是不可能建立起新的道德体系的。我们的任务是使传统与现代接轨，根据现代的需要，发展传统美德，建构新的道德规范。为此我提三点建议：

第一，首先要寻找和发掘传统美德与现代化建设的贴近面，提炼和确认继承点，使传统与现代对接，并且赋予传统美德以新的时代意义，使其在新的历史条件下吸纳时代的新内容从而获得新的生命和发展，成为新道德体系的基础。

传统美德需要继承和发扬的德目很广泛，我举出与我们当前最贴近的几点，建议通过各种方式进行宣传，既可以作为传统美德应当继承的例证，又可以作为发扬的重点。

爱国主义精神和民族气节。这像一条红线贯串于中华民族的历史和优秀文化道德中，成为传统美德的核心。这也是我们今天铸造爱国魂的宝贵基础，是全世界炎黄子孙的精神纽带。

重视整体利益的价值取向。这是传统美德的重要特点。以儒家为代表的传统伦理道德，一贯重视个人、家庭和国家三者之间的关系，强调“天下为公”，强调个体的社会历史责任感，强调以集体（群体）、国家、民族为重，以大局为重，个人要服从整体和克己，必要时要牺牲个人利益和局部利益；同时也承认人的私欲的合理性和理欲统一的价值观。儒家伦理的这一特点，已经在日本等国家和地区的现代化中发挥了积极的作用。

万民富乐的“大同”追求。传统美德强调“济苍生”“济天下”，“以天下为己任”“先天下之忧而忧，后天下之乐而乐”“己欲立而立人，己欲达而达人”，以只顾个人的“稻粱谋”为耻，以“大庇天下寒士俱欢颜”为乐。“大同”世界的理想在古代只是一种乌托邦，今天却是一步步在实现的现实和建立在现实基础上的社会主义理想。

崇德重义的人生准则。崇尚道德，讲究人品，是我们的优良传统。在义利观上强调“义然后取”，见利思义，“君子爱财，取之有道”，耻取不义之财。在生死观上强调见义勇为，舍生取义，“生我所欲也，义亦我所欲也；二者不可得兼，舍生而取义者也”。在人际观上强调礼让，“己所不欲，勿施于人”，先人后己，诚信无欺。在发展社会主义市场经济中，这种人生准则的推广，可以抵制唯利是图的拜金主义和见利忘义坑蒙拐骗。

第二，重点编写一些高质量、多层次的道德教育读物，采用多种手段普遍推广。我正在编写《新三字经》，得到社会的广泛支持和欢迎，这表明了，社会的需要，我们要抓住这个机遇，但要防止一哄而起，要有组织有计划地编写高质量的道德读物，并使之成为传世之作，为道德建设这一宏大的基础工程做一些实事。

第三，建构有中国特色的新道德规范体系。道德规范是实存道德现象的科学概括，是道德实践的总结和升华，反过来又对全社会的道德行为起巨大的规范和推动作用。每一成熟的社会形态都重视建构与自己相适应的道德规范。建构符合社会进步要求的新的道德规范，这是提高民族素质的一项基本建设，是铸造中华魂的千秋大业，往往不是一代人能完成的，需要几代人持续不断的努力。但我们不能等待，千里之行，始于足下，我们从现在就要发动和组织广大理论工作者，本着百家争鸣的精神，展开讨论，集思广益，努力在实践的基础上科学地概括出新的道德规范，逐步形成有中国特色的价值观、道德观和行为规范体系。

（原载于《光明日报》1994年7月10日）

加强国情教育　弘扬创业精神

认清国情是认识和解决一切社会问题的基本根据。社会主义现代化建设是在中国的具体历史条件下进行的，我们的一切都要从中国的实际出发，党和国家的路线、方针、政策之所以是这样而不是那样，都是由历史和现实所决定的，正确的决策必然是全面、正确地反映了历史和现实的结果。“民可使由之，不可使知之”的时代早已过去了，要使国家的意志变成群众的自觉，就必须让群众不但“知其然”，而且“知其所以然”。而要“知其所以然”，成为自觉的爱国者，就必须广泛深入地进行国情教育，使广大群众了解我们国家在历史和现实世界坐标上的方位，从而正确选定自己的方位和方向，明确自己的历史责任。

只有较全面地了解国情，才能成为自觉的而不是自发的、清醒的而不是盲动的、切实的而不是浮躁的爱国者。在国情教育中要特别强调辩证法，切忌片面性；既要了解我国古代的光辉灿烂的文明史，增强民族自豪感，又要了解我国近代的落后挨打的屈辱史，增强振兴中华的历史紧迫感；既要看到社会主义现代化建设的巨大成就，增强建设有中国特色社会主义的信心，又要看到我们还是一个发展中的国家，经济还不发达，人口过多，按人口平均资源和产品数量都还很低，我国的经济建设和人民的普遍富裕还要经历一个艰苦奋斗的过程，我们的改革开放取得了举世瞩目的巨大成功，但前进中也不可避免地会存在这样那样的问题，需要我们同心同德去解决。我们既要坚持改革、加速发展，又要把保持稳定作为前提，如果没有稳定的社会政治环境，改革和发展都将无从谈起，国家和人民都要遭殃。世界上的事物总是成对地出现，人在光明的太阳下还有影子，要想好就绝对地好，没有一点负面效应，那是形而上学，不是辩证法。只有辩证地了解国情，才能做到：肯定成绩，而不松懈斗志，看到问题，而不影响信心。我们既要讲成就、讲光明，又要讲困难、讲忧患意识。“中夜四五叹，常为大国忧”，国家前途，匹夫有责，这是中华民族的优良传统，应当大力发扬。

要使大家都牢记，我们国家的生产力水平还较低，我们面临的挑战是严峻的。我们要抓住机遇，发展自己，迎头赶上。还有8000多万人的温饱问题没有解决，我们如芒在背，寝食难安。特别要铭记我们正处在创业维艰的阶段，任重道远，必须继续发扬自强不息、艰苦奋斗的优良传统，坚决抵制铺张浪费、追求豪华、贪图享乐之风，更不能沉迷于声色犬马，纸醉金迷，玩物丧志；“生于忧患，死于安乐”，如果一味托赖先辈余荫，坐享其成，不图进取，那就会成为中华民族的不肖子孙。我们要大力提倡“先天下之忧而忧，后天下之乐而乐”，即吃苦在前，享受在后的精神，在全社会养成艰苦奋斗、勤俭建国、励精图治、无私奉献的风尚，只有这样，我们国家才能葆有郁郁勃勃的生机，我们民族才能充沛欣欣向荣的生气。事关国家强弱、民族兴衰的大计，我们千万不可掉以轻心！

让节庆日成为民族精神的摇篮

人们常用“像过节一样”形容美好日子。

儿时过节的愉快情景还常常闪过成人的心头。节庆日是生活长河中熠熠生辉的亮点，它从小就沁入人的心灵深处，对人的精神生活和心理的影响是不可低估的，对培育民族精神的作用是不可低估的。

节庆日有的是世代相传，我们无权择定。

我国传统节日很多，中国的传统节日都具有特定的文化内涵，凝聚着中华民族的智慧，体现着中华文明的特点，千百年来起到了传承、传播中华文明的重要作用，是全球华人的文化纽带和精神桥梁。但由于大多未被规定为官方法定节日，一些传统节日已经有逐步走向衰落的迹象。另一方面，随着人们生活水平的提高，光有春节已经无法满足人们的需求。我们要因势利导，为传统节日注入新的血液和生命。比如，牛郎织女鹊桥相会的七月七就可以作为中国的情人节，或曰情侣节。美术家可以设计“鹊桥会”等工艺美术品，音乐家可以将秦观的《鹊桥仙》谱为情人节歌，民俗学家可以将七夕乞巧的民俗介绍给大众，文学家可以介绍和创作赞颂七夕的佳作，商家照样可以推出适时令的花卉……这更具有丰富的民族文化内涵，有助于弘扬和培育民族精神。另一方面，我国法定假日偏少，建议将端午节、中秋节等一些传统节日定为法定假日。

节庆日有的是随历史的新发展而新形成，我们有选择或重定的可能。教师节就属于后一种。十几年前为提倡尊师重教，选择了新学年开学不久的9月10日为教师节，但未考虑这日子本身原本有无特定的文化内涵。这受当时条件的制约，我们无意苛责。历史发展得很快，今天，我们对历久以来成为中华民族“万世师表”的孔子，有了更科学、更客观的认识，恢复他的伟大教育家的历史地位，把他的诞辰日定为教师节，已经有了可能。孔子的一生主要从事教育工作，他的教育精神值得我们学习和借鉴，以他的诞辰日为教师节，可以大大丰富教师节的内涵。经权威部门共同研究确定，孔子诞生于公元前551年9月28日，这诞辰日也恰好在每学年开学后不久，可以说兼具了原来教师节时间上的优点，只要我们好好说明，大家是会接受的。现在美国加州议会已经把孔子诞辰日9月28日定为加州的教师节。在孔子的祖国，我们把他的诞辰日定为教师节，有利于中华的民族精神自立于世界民族之林。通过节庆日加强精神文明建设，是大有文章可做的。

媒体报道

为弘扬民族文化呐喊

——记古典文学专家、农工党中央宣传部部长李汉秋

孙引南

李汉秋教授年轻、热情，一副黑边近视眼镜为他增添了几分学者风度。这位从事古典文学研究多年的福州人，1955年考入北京大学中文系，学生时代就参与了《中国文学史》的编写工作。深入古典文学宝库，他发现它是那么灿烂辉煌，民族自豪感油然而生。他越搞越有兴趣，从此跟古典文学结下了不解之缘。大学毕业后，他一直在安徽大学中文系从事中国古典文学的教学和研究工作。现年51岁的他，早已是桃李满天下，并写作、整理了11部著作，其中《儒林外史汇校汇评本》获安徽省社会科学优秀成果一等奖，《黄小田评本》获全国古籍优秀图书二等奖。今年元月，他光荣地出席了在人民大会堂召开的“全国高校国家级教学优秀成果奖”授奖大会，江泽民、杨尚昆、李鹏等党和国家领导人亲自颁奖，给了他极大的鼓舞。

“一定要弘扬我们民族的优良文化传统！这是激发民族自豪感、增强民族自尊心和自信心的重要法宝。”这是李汉秋一贯的主张。他说：改革开放以来，随着西方时髦思潮的流入，有的人产生了崇洋思想。他难过地说，在大学里，现在古典文学被学生冷落，出现教学危机。“崇洋、自卑也是造成青年知识分子往外跑的一个重要原因。”

所以，我们一定要大力弘扬民族文化，以激发青年一代的爱国主义思想和民族自尊心，并增强海外华侨、港澳台同胞对祖国的向心力和凝聚力。他谈到今年2月他在石家庄主持召开的“海峡两岸元曲研讨会”，共同的民族文化使两岸学者亲密无间。他发现，有些国家对我们的民族文化比我们还重视，如新加坡，现在用儒家思想作为他们的社会精神；日本也很重视孔子思想。他认为，我们对孔子思想也不应全盘否定。“振兴中华”的内涵不仅仅是振兴经济，同时要振兴文化，振兴民族精神。他建议：“今天对青年进行思想教育，应把我们的革命传统——延安精神、长征精神、雷锋精神、大庆精神同民族文化传统的教育结合起来，两个传统一起抓。

这位造诣很深、影响颇大的中国古典文学专家，一年前被调到农工党任宣传部部长，目前他虽然还在北大分校、中国戏曲学院和国际关系学院轮流做兼职教授，但主要精力用于党派工作。谈到对今后工作的打算，他说，农工党跟共产党风雨同舟60年，我们这代人应把这个优良传统继承下来，并在中国社会主义建设事业中发扬光大；同时，要在新的岗位上争取为知识分子做点事情，反映一点知识分子的愿望，为知识分子发挥聪明才智创造一点条件。

（原载于《人民政协报》1990年3月20日）

人文学者的人文情结

——全国政协委员、古典文学研究专家李汉秋先生访谈

王小宁

今年“两会”期间，有关继承传统文化、传统美德的呼吁是代表、委员以及社会各界关注的一个焦点，李汉秋委员是焦点中的人物。2006年3月9日，他在全国政协十届四次全体大会上做口头发言《弘扬仁义礼智信》，被海内外一百多家媒体报道转载，引起很大反响。实际上，十几年来，李汉秋委员一直是“弘扬民族文化”的“呐喊者”。他近日的文章《亲历文化战略调整》，追溯了连任四届政协委员的自己，对国家文化战略大政方针调整的感受。近日记者就此问题和李委员做了一次对话。

记　者：李委员，我的手里拿着一篇文章，是1990年3月20日《人民政协报》对您的专访《为弘扬民族文化呐喊》，这篇文章里您很明确地提出了“振兴中华的内涵不仅仅是振兴经济，同时要振兴文化，振兴民族精神”。您在里面甚至还提到，新加坡、日本等很重视儒家思想，我们对孔子的地位也应该科学评价。您在1990年就提出这些观点，现在看来是非常有眼光的。

李汉秋：我是搞中国古典文学的，属于人文学者，弘扬中华优秀的传统文化是我的本能和本色。我认为，弘扬中华民族的优良文化

传统，是激发民族自豪感、增强民族自信心的重要法宝。在屡遭外侮之下，20世纪以来，中国知识界在学习西方先进科技和社会学说的同时，对我国传统文化产生了偏颇的看法，有时出现了“扫除”的偏向。我成为政协委员后，就大声呼吁弘扬民族文化。我想到的首先就是通过弘扬民族文化来激励青年一代建立民族自信心，同时增强海内外中华儿女的民族凝聚力。我当时还提出，要把“延安精神”“长征精神”“雷锋精神”“大庆精神”同民族文化传统的教育结合起来，民族文化的传统和革命文化的传统“两个传统”一起抓。

记　者：这都是16年前的事情了，现在的情况和那时有了很多不同。在这16年中，您觉得所提倡的东西是否有了满意的结果呢？

李汉秋：我觉得这是一个过程。弘扬民族文化是一个长久的话题和任务，需要不断地提倡和推进。但我的一点感受是很真实的：在连续4届任全国政协委员期间，我一直跟踪着党和国家的文化政策，深切感受到，国家对传统文化的态度，经历着一个大的调整。这16年，直到现在，我们一直处于这个微妙的调整时期。

记　者：您讲的“调整”的含义是什么？

李汉秋：就是转变。以前我们对传统文化采取了比较偏颇的态度，这不是某一个或某些个人的错误，这是历史造成的。改革开放以来，在对传统文化的政策上开始逐渐纠正以前的偏颇，走上了正确对待、稳步调整的道路。这是一个文化战略上的调整。

记　者：据您的感觉，对传统文化的政策的调整主要落实在哪些方面？

李汉秋：总体讲是从“破”走向“立”，从“革命”走向“建设”。我们逐渐懂得应继承民族优秀文化传统来建设新文化；并采取海纳百川的态度，一切人类优秀的文化成果皆可滋养新文化。2003年我向中央有关领导面陈三点：一、传统美德；二、民族精神和传统节日；三、人文精神。

我先谈“人文精神”。十几年来，我国的人文精神与日俱兴，据我所见，走了三大步：20世纪90年代提出“人文奥运”的理念，说明决策层已相当重视人文精神；中共建党80周年前夕，重申马克思主义关于人的全面发展的理想；2003年后把“以人为本”提升为执政理念，紧接着又有和谐社会的提出。从以上三大步我看到：“中国特色的现代人文精神已越来越清晰地露出水面，概括成一个短语就是以人为本。”这是我2004年在《以人为本——中华民族的人文精神》一文中的一句话。

治国安邦的方略有一个逐步全面的过程。改革开放后，先抓经济建设，后来渐渐完善为“经济和社会发展”。20世纪80年代先铺开法制建设，90年代起，我深切感受到日益重视道德建设，几乎每年都有新认识、新提法、新进展。我也每年都有新建议，编了《新三字经》并参加制定《公民道德建设实施纲要》的讨论。过去只见“封建道德”“旧道德”的提法，这时有了“传统美德”的提法，一个“美”字，显示了我们态度的变化。教育方面的提法，从“政治工作”到“政治思想工作”，到“思想政治工作”，现在又有“思想道德建设”。

传统节日中蕴含着丰富的传统文化的内容，是活的传统文化。传统节日是民族生活中的典礼和仪式，是民族情感的黏合剂，其中包含了亲情情结、敬祖意识、寻根心理、报本观念，可以唤起对亲人、对家庭、对故乡、对祖国的感情，唤起对民族文化的记忆和对民族精神的认同。很多年以来，我们国内尤其是年轻人，已经不怎么过传统节日了。除了春节以外，大多数人不在意清明、端午、七夕、中秋、重阳这些节日。这是个比较严重的问题，过洋节跟洋文化走，把中国传统的节日和文化淡忘了，这会失去本民族的文化身份！我在2003年春向中央领导面陈要建设好传统节日的建议，当时举了“七夕”的例子，因为那时年轻人只知过西方的“情人节”；“七夕”是中国的“情侣节”，有那么美好的传说故事，有那么丰富的民俗和传统，为什么舍近而求远呢？况且，2008年奥运会召开前一天正是“七夕”，奥组委如以“七夕”为主题举办活动或将它融入开幕式演出，正可以加强“人文奥运”。2005年，我受中央文明办委托，主编《我们的节日》一书，央视播出了同名系列电视片，现在正在精编，准备进入小学课堂。传统节日是越来越得到党和国家领导人的重视，同时，民间也越来越认同了。2005年新华社七夕前发了我关于“七夕”为中华情侣节的倡议，次日就有100多家国内中文报纸转载。据媒体报道，当天有7700对情侣登上武夷山九曲溪畔的鹊桥。可以说，以中央五部委发布关于传统节日的意见为标志，中国人不重视自己传统节日的情况已经发生了重要转变。建议以后不要再说国人对传统节日“越来越淡漠”之类的话。

记　者：李委员，作为政协委员，您真的是不改初衷、始终如一不断地为文化战略的调整建言献策。您之所以能够这样，是否和您的专业有关？因为我知道，您是研究元明清小说戏曲的著名学者。

李汉秋：搞传统文化的政协委员参与当代的道德建设、人文建设、文化建设，是我自己的本分、天职。我立足于古典小说戏曲的研究，《儒林外史》和关汉卿是我的研究重点。最近我承担全国高校古籍委员会的一项重点项目，50万字书稿已完成，这是我关于吴敬梓的第十六本书。2008年恰好是关汉卿作为世界文化名人50周年，而北京是他戏剧活动的主要地点。因此，我正促进届时把关汉卿迎回北京，为“人文奥运”添彩。

（原载于《人民政协报》2006年6月19日C1版）

倡德十年　始终不渝

——访全国政协委员李汉秋

张雨福

《公民道德建设实施纲要》（以下简称《纲要》）的颁布，对于多年来始终不渝坚持为加强社会主义道德建设奔走呼吁的全国政协委员李汉秋教授来说，是一个特大喜讯。

李汉秋原本是中文系教授，专门研究中国古典小说戏曲，是我国著名的《儒林外史》专家。为了参政议政，他“破门而出”，倡言道德，这是需要巨大理论勇气的。早在1996年他就撰文，建言“法治、德治双管齐下……相辅相成”；2000年春又倡言“法治、德治并举，以法彰德，以德辅法，实现法治与德治的统一”。今年初，当他听到江总书记在全国宣传部长会议上提出“德治”“以德治国”时，欢欣鼓舞，四处宣传。这次《纲要》重申以德治国的方略，并规定“要充分发挥民主党派在公民道德建设中的作用”。对他既是鼓励，更是鞭策。

有目共睹，对我国的社会主义道德建设，李汉秋教授总是不遗余力。十年来，每年他都在全国政协会议上提交关于加强道德建设的发言或提案，见诸传媒的文章和报道总计至少已有四五十篇。前些年，提倡道德建设的人还不多，报刊上的文章也不多，李汉秋显得有些孤单。但他并不气馁，咬定青山不放松，仍然是一有机会就提。关于建设基本道德规范问题，早在1992年全国政协会议上，他就在《加强社会主义道德建设》的书面发言中呼吁，要“制定出明确的道德规范”。1994年他以“建构新道德规范”为题，在《光明日报》人民政协报《团结报》上分别发表文章。1997年他在全国政协会议上专门写《应当着手建设基本道德规范》的书面发言。今年的全国政协大会上，他又呼吁要“建设基本道德规范”。《纲要》在征求意见时，作为专家他又两次提出建设基本道德规范。现在《纲要》里明确写下：爱国守法、明礼诚信、团结友善、勤俭自强、敬业奉献，这“十德”二十个字，其中饱含着李汉秋教授多年奋斗的心血。如今，《纲要》的颁布圆了李汉秋期盼多年的夙愿。他当初提的三条建议：“建立起全国性的领导机构”，“可以定名为精神文明建设委员会”；“着手道德规范”；“制定公民道德建设大纲”。现在都实现了，他怎能不击节称快。

其实，十年来李汉秋已多次成为呼吁精神文明建设的新闻人物。最突出的是1994年全国“两会”期间，他的关于编写《新三字经》的倡议在《光明日报》发表，几乎引发了全国的“三字经热”。其反响之大之广，李汉秋自已恐怕也始料未及。那年获得“何梁何利奖”的4位著名科学家中有2位给他写信，支持他；张岱年、马玉涛等各界人士都纷纷写信鼓励他。其中不少读者给他提了很多很好的建议。记得当年8月7日《光明日报》全文发表了他撰写的《新三字经》，第二天，读者来信来电不断，我就帮他转了不少信。这反映了全民族对儿童启蒙教育的空前重视。台湾各大报纸也都就此纷纷发表评论。现在《新三字经》已经漂洋过海，被日本全文翻译出版。

我与李汉秋很熟。在他担任农工中央宣传部部长的时候，我们曾多次合作。记得1996年初，中共中央宣布，将于秋季召开的十四届六中全国以思想道德文化建设为主要议题。李汉秋闻风而动，立即倡议农工民主党与光明日报联手在《民主与团结》专刊开展“关于干部道德建设”的讨论。农工中央的领导和报社的领导都非常支持。记得春节前夕，我们一起在张岱年先生家中那堆满书籍的房里召开了第一次座谈会，张岱年先生态度极其严肃认真地宣读了他事前准备的讲稿。这一场景我印象至深，紧接着3月上旬，我们又在全国政协大会的香山驻地举行了第二次座谈会。那次讨论持续了几个月，来信来稿堆成小山，社会反响极为热烈，为干部道德建设造了舆论，也为那年“七一”前夕江泽民总书记提出的“建设高素质的干部队伍”和十四届六中全会做了舆论辅垫。费孝通、王光英、卢嘉锡三位副委员长和宋金升、周铁农、冯梯云、金开诚、邓伟志等好多位民主党派中央副主席和中共中央组织部、中共北京市委的有关负责同志都积极著文参与。农工中央趁热打铁，接着又与中国伦理学会的专家合作，编撰了《当代中国从政道德箴言》《干部道德建设读本》。在翌年的一次党外人士座谈会上，卢嘉锡向江泽民总书记谈起这两本书，江总书记很感兴趣地说：给我们看看吧。座谈会结束前，两本书已送到出席会议的江泽民、李瑞环、胡锦涛等领导人手中。

（原载于《光明日报》2001年10月30日C3版）

倡德十载展远识

——访全国政协委员李汉秋

熊静敏

全国政协委员李汉秋自1990年以来，10年倡德，不遗余力为之鼓与呼，由此成为公众人物。在“两会”召开前夕，记者采访到他，进行了一次深谈。

建言法德结合——安邦治国

李汉秋说，担任全国政协委员，为参政议政，他一直思考如何在安邦治国方面建言立论。他认为，接受“文革”无法无天的教训，我国已开始重视法制建设。但道德建设尚未得到应有的重视，于是北大中文系毕业后长期从事古典文学的研究和教学，年过半百的他“破门而出”，跨入自己原未涉足的伦理道德领域，从1991年开始，年年他都在全国政协会上建言加强道德建设，并且与时俱进，随着形势的发展不断提出具体的建议，至今已坚持10余年，在各种报刊发表言论、文章也已逾50篇，这对于非专业伦理工作者，实属难能可贵。

他的许多建议已经被采纳，例如1995年秋在全国政协“精神文明建设座谈会”上他提出4条建议：1.建立全国性的精神文明建设委员会；2.建构基本道德规范；3.制定公民道德建设大纲；4.编撰全国统一的《新三字经》。现在前3条都实现了。1996年他就在《人民政协报》和《中华工商时报》撰文，建言“法治、德治双管齐下……相辅相成”；2000年春他又在《光明日报》倡言“法治、德治并举，以法彰德，以德辅法，实现法治与德治的统一”。吉林省教育科学院副院长栾传大研究员说，连我这专业伦理工作者，当时看到这见解都感到很新鲜，2001年江总书记在全国宣传部长会议上提出“法治与德治从来都是相辅相成的、相互促进的……不可偏废”，更感到李汉秋当年很有理论勇气。李汉秋则更加自觉地学习和贯彻江总书记把依法治国同以德治国紧密结合起来的安邦治国方略，他说《公民道德建设实施纲要》（以下简称《纲要》）就是贯彻落实这个方略的重大举措。

编《新三字经》推进儿童德育

李汉秋认为，提高全民族的素质，要从娃娃抓起，1994年3月上旬，全国政协大会一开始，他就提出编写《新三字经》促进儿童德育的倡议，这立即得到《光明日报》等几十家报刊的报道支持。这年8月7日《光明日报》刊出他主撰的《新三字经》经文，海内外反响极其热烈，台湾的一些大报第二天就发表评论。社会各界纷纷来函来电，那年“何梁何利”终身成就奖4位得奖大科学家就有两位来函，钱学森信中说，读了《新三字经》“感其重要性”。人文学界泰斗张岱年先生来函称许《新三字经》“是深思熟虑之作，甚佩甚佩”。歌唱家马玉涛女士热情洋溢地写出她的欣喜，她要求她的外孙每天背诵一行（4句）《新三字经》，作为人生的座右铭。一位儿孙满堂的老人将《新三字经》作为家庭读书会和知识竞赛的内容……到1995年3月初《新三字经》全书出版，深受欢迎，引发了波及全国的“新三字经热”，反映了全民族对儿童德育的空前重视。

李汉秋的《新三字经》已被日本人翻译出版。李汉秋说日文译者大口良人并不知李汉秋何许人，他偶然看到这本书，一下子被吸引住了，因为书里的道德内容“都是我小时候从父母和小学老师那里常常听到的”，“我们日本人的祖先也从远古以来一直非常喜爱这种中国故事。但是第二次世界大战战败后，这种古代中国的道德故事作为封建思想的象征从日本社会被驱逐了”。他觉得对这种情况应当进行反思，他认为“这本《新三字经》讲的伦理思想，对现代日本儿童的思想成长也是必要的”。

今年春节前他又给李汉秋来信说，第一批译本只经过三四个月就没有了，去年夏天重新增印一批，到年底也没了。除了小学和中学以外，“读者主要是中小企业的经营者，他们为提高他们公司职工的工作积极性把这本书作为修养精神的课本利用”。

李汉秋认为，经济全球化要求造就具有高尚道德品质和高度文化素养的人，青少年一代的道德文化素质关系到国家民族在新世纪的综合国力，需要全社会的高度重视。根据《纲要》的精神和高新科技飞速发展的情况，他重新修订了《新三字经》，已由科学出版社于2月份重版。

倡言干部道德建设

李汉秋认为，如果说青少年关系到民族的未来，那么，领导干部则关系到事业的成败。在提倡儿童德育后，他掉转头来提倡干部道德建设。恰好1996年元月，中共中央确定把加强社会主义精神文明建设（主要是思想道德文化建设）作为十四届六中全会的主要议题。他闻讯雀跃，即同《光明日报》开展讨论和笔谈。春节前夕就在张岱年先生家中那堆满书籍的房里召开了第一次座谈会，3月上旬又在全国政协大会的香山驻地举行第二次座谈会。全国人大常委会副委员长费孝通、王光英、卢嘉锡和周铁农、宋金升、冯梯云、左焕琛、金开诚、邓伟志等民主党派中央副主席、省部级干部以及中共中央组织部、中共北京市委、中国伦理学会的负责同志纷纷参加笔谈，各界来信来稿堆成小山，社会反响极为热烈。那次笔谈持续了几个月，为干部道德建设造了舆论，也为那年“七一”前夕江泽民总书记提出的“建设高素质的干部队伍”和十四届六中全会做了舆论铺垫。李汉秋也因自己的见解与中共中央合拍而受到鼓舞，在农工党中央领导的支持下，他抓紧时间分别与中国伦理学会副会长魏英敏、陈瑛合作，编撰出版了《干部道德建设读本》《当代中国从政道德箴言》两本书。在1997年的一次党外人士座谈会上，当江泽民总书记听到卢嘉锡同志谈到这两本书时，很感兴趣地说：给我们看看吧。刘延东同志立即通知李汉秋送书去，在座谈会结束前，两本书已送到出席会议的江泽民、李瑞环、胡锦涛以及王兆国等国家领导同志手中。此后他又与人合作主编了《中华复兴之光——江泽民64字创业精神颂》《中华医魂》《卢嘉锡传》等书推进道德建设。

呼吁建构基本道德规范

李汉秋认为，新中国成立几十年了，应当从众多的道德德目中挑选一些最基本、最重要、处于品德核心部分的道德德目作为全社会的基本道德规范，成为社会道德规范的主体，并通过宣传和教化工作，使它们深入人心，内化为人们的道德良知，落实在人们的道德行为上，为道德人格的形成和发展打下良好的心理品质和行为规范基础。他认为这是道德建设中至关重要的一环，为此他不断地呼吁。早在1992年全国政协会议上，他就在《加强社会主义道德建设》的书面发言中发出呼吁。1994年他以“建构新道德规范”为题，在《光明日报》《人民政协报》《团结报》上分别发表文章。针对这方面存在的一些认识障碍，1997年他在全国政协大会上专门写了《应当着手建设基本道德规范》的书面发言。在2001年的全国政协大会上乘江主席提出“以德治国”的东风，他又进一步为此呼吁。《纲要》在征求意见时，作为参与的专家，他又两次建议应当写上建设基本道德规范。现在《纲要》里明确写下：“在全社会大力倡导‘爱国守法、明礼诚信、团结友善、勤俭自强、敬业奉献’的基本道德规范。”李汉秋期盼多年的夙愿实现了！谈到这里，这位沉稳的学者不禁激动起来。他表示要为这“十德”的家喻户晓、妇孺皆知而竭智尽力。他提倡编写“十德歌”，使“十德”在全社会传诵和传唱开来。

他确实立即行动起来了，他修订《新三字经》就把这“十德”全部渗透进去；他主编的《大众三字歌》（将由河北少儿出版社出版）也融汇了“十德”的精神；他还以“十德”为纲主编了《美德故事新编》，刚刚由江西百花洲文艺出版社出版；在这次全国政协大会上他又为贯彻落实《纲要》提出新的建议。他把他的智慧融入为人民群众创造新生活的时代洪流。我们祝愿李汉秋委员在人民政协大舞台上继续焕发出绚烂的光彩。

（原载于《中国教育报》2002年3月3日5版）

《新三字经》（日文版）译后记

［日本］田明

几年前，利用退休后的闲工夫，去内蒙古的一所大学学汉语。有一天我在某个书店的店头，看到在桌子上堆满了题目叫《新三字经》的小册子。无意中拿起李汉秋著的一本翻了两页，“孟母三迁”“扇枕温席”等小标题就映入了我的眼帘。这种句子都是我小时候从父母和小学老师那里常常听到的。现在在这里重新看到这些句子，我就怀念起小时候的事情。我想了解现代中国社会为什么会出版这种登载古代故事的小册子和怎样解释含有传统思想的那种道德故事，当下就买了一册回宿舍去，抱着词典拼命读了下去。

这本《新三字经》是一本向儿童进行道德伦理教育的辅助读物，以爱国主义为主题思想向儿童反复地讲为国家和人民服务的精神。这本书从各种古典援引了很多故事，强调像刻苦学习和先公后私那种精神的必要性。

这本书满载正规的伦理箴言。这种箴言，对在第二次世界大战战败以前的日本学习小学课程的我来说，含义既很容易理解，内容又很有意思。同时，我觉得通过这本书能了解现代中国在初等学校进行的国家思想和伦理思想方面教育的一端，因此我对这本书便发生了更大的兴趣。

二十多年以前中国在经济方面开始实施改革开放政策，以后中国经济急剧发展，人民的生活水平大大地提高了。这样的经济发展影响到人民的伦理意识，在社会道德上也发生了变化。政府机关干部渎职事件已成为一个重大的政治问题。在家庭方面，我听说过，围绕谁照顾年老的父母，兄弟姐妹之间发生争论，不得不去法院麻烦法官才得到结论。随着经济生活越来越富裕，拜金主义的风气在人民中日益强大起来了。在家庭生活方面，随着由夫妇和小孩组成的小家庭的增加，出现了个人主义的倾向。这样，中国社会的情况在生活和精神两方面都急剧变化，人民的价值观受到了很大的影响，人民的伦理思想也正在大动摇着。

鉴于这样的社会情况，中国开始重视对儿童的道德教育，并为提高儿童的伦理意识采取了各种各样的措施。我想，编写这本《新三字经》也可能是这种措施的一环。

这本书从古典中援引了很多讲道德的故事，这好像显示出中国的传统伦理思想在中国社会上依然保持着根深蒂固的影响力，我对这个现象也很感兴趣。

最近，在我国，由青少年闹出的像杀人、胁迫同学夺取钱财、用暴力反抗父母那样的凶恶事件频繁发生，成为一个重大的社会问题。面临这样的情况，现在在日本围绕对青少年应该如何进行道德教育，有识之士正从各种角度来观察，提出各种意见，认真地讨论这个问题。

鉴于日本这样的现状，我想，把这本《新三字经》翻译成日语，向日本社会介绍中国现在进行的儿童道德思想教育的情况也是很有意义的。我相信，这本《新三字经》讲的“正义”“诚实”“自助”“克己”“忍耐”“努力”“服务”“献身”“友爱”等伦理思想，对现代日本儿童的思想成长也是必要的。

这本书记载了很多中国从古代流传下来的道德故事。我们日本人的祖先也从远古以来一直非常喜爱这种中国故事。但是第二次世界大战战败后，这种古代中国的道德故事作为封建思想的象征从日本社会被驱逐了。我还希望，读者通过在这本书里记载的故事，接触中国传统道德思想的一端，同时反思我们祖先努力学习来的伦理思想。

虽然由于我的力量不足而翻译不好，但是如果在读者思考对日本儿童的道德教育时，这译本能对读者有一点帮助的话，我就深感荣幸。

另外，在这本书里，除了伦理教育以外，还有有关历史、文化等中国各个方面的知识，也可以看做是一本较便捷地理解中国的中国学入门书。我期待通过这本书能够唤起日本儿童对中国社会文化的兴趣。

今年春天，为得到翻译出版的许可，我给这本书的主编李汉秋教授写了一封如上主旨的信。我和李汉秋教授还没见过面，当时完全不知道他是在哪个方面工作、取得什么样的成就。我推测他收到了素不相识的日本老人的信，恐怕不知应该怎么处理这个日本人的请求，觉得困惑。

过了三个月左右，我收到了李汉秋教授的回信，他同意了我的提议。这时我才知道李汉秋教授是一位有“全国政协委员”“《前进论坛》月刊主编”“中国《儒林外史》学会副会长”“中国关汉卿研究会副会长”头衔的著名硕学。我以前一点也不知道他是这样的大学者，直接给他寄信，让他劳神，我真是个初生牛犊不畏虎的人，应该向李汉秋教授道歉为是。其后，李教授屡次给我来信，一边指出我译错的地方，一边鼓励我。

在这本书的翻译和出版上，还有三位中国朋友给予了我亲切的支持。一位是住在日本岐阜市的青年实业家郭振峰先生，另一位是在北京的中国科学出版社工作的马素卿女士，还有一位是在北京市政府外事办公室工作的朱晓琳女士。他们都在百忙之中腾出宝贵的时间来帮助我。如果没有这三位中国朋友的热情协助，我这个不了解中国事情的人恐怕不能够出版这本书。

对李汉秋，以及郭振峰、马素卿、朱晓琳等四位中国朋友恳切的合作，我在这里表示衷心的感谢。

（原载于《人民政协报》2001年4月13日4版）

60位全国政协委员提案设置中华母亲节

本报讯：全国政协委员李汉秋、龚心瀚、陶斯亮、霍达、梁晓声、唐浩明、李世济、于魁智、刘敏、袁志发、汪毅夫、傅立民、张文彬、修瑞娟、周海婴、谷安林等60位分属20多个界别的委员联名吁请设置中华母亲节。他们阐述如下：

为何需要中华母亲节

不同文化的母亲节形象代表都有不同的文化个性，流淌着自己民族文化的血液，承载着自己民族的民族精神。当中华儿女吮吸母亲节的文化乳汁时，这位母亲代表却是洋妈妈，这样的事不宜再继续下去。我们要维系中华文化血脉、培育中华民族精神，需要自己的中华母亲节。这不是“跟着洋人走”，恰恰相反，是为了维护中华文化主体性。这是弘扬和培育民族精神的需要，这是构建和谐社会的需要。

为何以孟母为形象代表

在众多中华贤母中，孟母五大优势俱全：

实有其人，不是传说人物、不是神话人物，而是历史人物。

贤母事迹翔实而且丰富。有的贤母只有一件事而且缺情节。西汉《韩诗外传》和大历史学家刘向的《列女传》就翔实记载了孟母仉氏在不同阶段教子的好几件事，有情节、有故事，从儿童成长的外部环境到学习的内部规律，都注意到了，形成颇具系统的教子思想和方法。可以讲述流传，供人取法。

时间较早遗迹多，历代留有遗迹供瞻仰。仉氏生孟子在公元前372年，至今已伴中华民族走过2379年。唐以后历代有封赠祭祀，留下许多遗迹。孟母林、启圣寝殿、孟母三迁处、孟母三迁祠、孟母断机处碑等可供中华儿女瞻仰追思。

家喻户晓，知名度高，影响大。刘向记孟母教子五件事中，“孟母三迁”“断织喻学”二事流传最广远，南宋《三字经》中的“昔孟母，择邻处，子不学，断机杼”，中华儿女耳熟能详。一直到1994年我的《新三字经》还有“昔孟母，茹苦辛，断机杼，善择邻”。孟母懿名远播新加坡、韩国、日本等国，并被写进儿童教科书。

教子成效大。孟轲成为我国古代的大思想家、儒家的代表人物，被称为亚圣，他的第一个老师就是孟母。孟母教子懿范千秋。

为何定在孟母生孟子之日

我们定位的角度是母亲而不是其他，仉氏生孟轲才成为孟母，因此孟母生孟子之日是标志。我国传统称自己的生日是“母难之日”，径称“母难”，表明自己生日不忘母亲养育之恩。以孟母生孟子之日做中华母亲节，推而广之，每人在欢度自己生日时都要感恩生我养我的母亲。

为何定在农历四月初二

孟子故里邹国（今山东省邹城东南）世代相传，在农历四月初二纪念孟子诞辰，至今还人所共知。这是人民的集体记忆，已形成民俗，这是最可依据的。在方志等文献中也有相应记载，不是孤证。我国传统节日以及上岁数人的生日都以农历计，我们每年都不会忘记春节、清明节、端午节、中秋节是哪一天，可见只要社会重视，即使以农历计的节日也不怕不好记。我们建议每年的日历在这天标出“中华母亲节”，这就更不会遗忘了。

如何做并促进认同

人类的爱心从母爱、爱母开始，母亲节是全人类的需要。因此一旦点燃，便易形成燎原之势。美国的母亲节1907年始于费城一地，逐步被一些州认同，经过七年的努力，到1914年才正式定5月的第二个礼拜日为美国母亲节。我们中华母亲节也可以由点点星火逐渐汇而燎原，今年首届中华母亲节就有邹城、石家庄、曲阜等市举办大型庆典和文化活动，北京、天津、南京、福州、哈尔滨、柳州、新乡、太原、临汾、晋中、榆社、枣庄、烟台、泗水、莱西、仙桃、温岭等几十个城市的一些学校率先开展起来。学校是开展中华母亲节活动的天然场所，也非常简便：在四月初二（今年是阳历5月18日）之前，在5月的第二个礼拜天（13日）之前，就布置学生以中华母亲节的名义为母亲做一件好事（包括打个电话、写封信），并写篇作文。这并不增加师生的负担，何乐而不为？有的学校担心，过去过美国母亲节，现在又改变，岂不“自己打自己嘴巴”？其实这很简单，过去没有咱们自己的中华母亲节，现在有了，从今以后过咱们自己的了。让我们带领青少年沐浴中华母亲节的阳光而茁壮成长。

吁请各级党政有关部门，支持、鼓励中华母亲节的活动，最好能参与主办重要活动。

吁请中央有关部门，在适当时候以适当方式，认可并公示中华母亲节。

（原载于《大众科技报》2007年5月15日）

为思想道德建设呼号

——记全国政协委员、社会学家李汉秋教授

近年中央加大了精神文明建设的宣传力度，思想道德教育得到社会各方面的关心重视，政协委员们在这方面做了许多工作，农工民主党中央宣传部部长、著名社会学家李汉秋教授就是其中的一个。

在1992年春全国政协七届五次会议上，他就提出《加强社会主义道德建设》的书面发言，说明在思想道德建设中不仅要重视思想教育，还要重视道德建设。李教授发现，在今年的中央有关文件中，不仅有“思想教育”“思想政治教育”的提法，而且新增添了“思想道德教育”的提法，政府工作报告指出要“提高思想道德水平”，他感到非常高兴。

在去年全国政协八届二次会议期间，李汉秋委员一方面著文立论，既提出《道德建设再议》的书面发言，又接连在《人民政协报》等各大报上发表了《社会呼唤传统美德》《建设新的道德规范》《树立良好的职业道德风貌》等文章，分别就道德建设的几个重要领域进行论述。《团结报》以他的文章开始，辟专栏研讨道德建设，一直进行了几个月。他提出了编写《新三字经》的提案，在《光明日报》刊出后，第二天北师大实验小学师生立即召开座谈会支持，社会各界纷纷来信鼓励，全国几十家报刊加以报道，好几家出版社找李汉秋要求出版此书。在社会的推动下，李汉秋亲自执笔主编了《新三字经》，《光明日报》去年8月7日刊出后，海内外反响十分热烈，从中央到各地许多报刊纷纷转载，台湾的一些大报8月9日就刊出评论。从科技巨擘、人文魁儒、艺坛名家到普通百姓，从耄耋老者到稚齿黄童，纷纷致函鼓励，也提出宝贵的修改意见，作者都认真研究，广采博撷，在集思广益的基础上，由北京科学出版社出版、李汉秋亲自撰写解说的《新三字经》。从这本童蒙读物的发起和编撰过程所受到的社会各方面的关注和支持，可以看到，良好的道德建设舆论和氛围，正在社会上形成。李汉秋委员很受鼓舞，在这次全国政协八届三次会议上，他就思想道德建设提出新的提案，表示要为社会主义精神文明建设竭智尽力。

扎扎实实抓好爱国主义教育

——一部《新三字经》引出十六位委员联名提案

一项由民建中央副主席朱元成、民进中央副主席邓伟志、民盟中央副主席吴修平、民革中央副主席沈求我、农工民主党中央副主席蒋正华、致公党中央副主义陆榕树等16位全国政协委员共同提出的提案，3月7日送到了全国政协提案委员会。

提案针对当前中小学德育工作的现状，提出具体建议：采取切实可行的措施，加强在中小学中《爱国主义教育实施纲要》的贯彻落实，进一步完善和加强中小学的品德养成和爱国主义教育。

这项提案的发起人是农工民主党中央宣传部部长李汉秋委员。在去年政协八届二次会议期间，李汉秋委员曾发出倡议：编制《新三字经》，促进童蒙教育。本报刊登了该项提案后，在社会各界引起积极反响。

在广大教师和社会各界的热情鼓励下，李汉秋委员几易其稿，终于完成了《新三字经》的编写。就在今年 “两会”期间，一本集正文、注释和图解于一体的《新三字经》由科学出版社正式出版了。

为使《新三字经》更符合现代少年儿童的心理特点和小学德育教学的特点，李汉秋委员在编写《新三字经》时，对目前中小学爱国主义教育的现状做了广泛调查。他发现，尽管近年来中小学德育工作进展很大，特别是去年中央颁布的《爱国主义教育实施纲要》和《关于进一步加强学校德育工作的若干意见》，为学校的德育工作提出了可以具体操作的措施；但是，目前中小学的品德养成和爱国主义教育仍然存在一些普遍问题亟待解决，于是，李汉秋委员萌发了一项改进学校德育体系提案的念头。

没想到，这个想法一流露，立即引起特级教师霍懋征和张光璎两位委员的共鸣。两位在小学教育领域工作了几十年的老教师，深感当前中小学生品德养成和爱国主义教育工作的薄弱环节：教师未经专业培训，从而影响教育质量；课时没有保证，时常被挤占；缺乏促进学生道德养成的考核和评估的标准和办法，从而使这方面的教育难以真正落到实处。霍懋征委员以一位教师的身份说，这种现象，在一些各方面工作比较好的重点中小学都普遍存在，更何况众多其他普通学校！——于是，一项提案的轮廓在酝酿和探讨中逐渐清晰起来。

消息传出，几位关注中小学生教育工作的民主党派领导人立即附议。黑龙江副省长周铁农委员，河北省教委副主任陈慧委员，九三学社中央秘书长刘荣汉闻讯后立即署上了自己的名字……

提案提出：青少年是国家和民族的未来，教育和培养好他们，是社会主义的奠基工程，也是人民群众的殷切期望。如何进一步加强和改进学校德育工作，真正贯彻落实《爱国主义教育实施纲要》，是当前完善学校德育体系的迫切任务。这项提案从师资培养、评估标准、养成教育、教育管理等方面提出了一系列的意见和建议 。

3月10日下午，李汉秋、张光璎两位委员专程来到北师大实验小学，就此提案征询老师们意见。委员、教师围坐一起对当前中小学的德育工作展开了讨论。当了32年小学教师的周玲说：“这个提案提得很有针对性。爱国主义和品德教育是关系我们后代基本素质和修养的事。我们作为教师，就应该做到身教重于言教，就要有比其他职业人士更高的品质和思想修养。提案提的问题很对。”校长李汉银说，现在进行爱国主义和思想品德教育，必须在内容和方法上针对90年代少年儿童的心理特点和生活环境，必须与改革开放以来形成的社会大氛围结合起来。他认为，目前学校在开展这方面教育中，普遍存在教材、教法、教育开发以及学校、社会 、家庭相互联系的困难。老师们希望，由16位政协委员共同提出的这项提案，能真正引起有关部门和社会各界的注意和支持，使中小学生的爱国主义教育、思想品德教育真正落到实处，真正做到动之以情、晓之以理、见之于行。

（原载于《光明日报》1995年3月11日头版头条）

图书在版编目（CIP）数据

政协委员履职风采·李汉秋 / 李汉秋著. —北京：中国文史出版社，2016.9
ISBN 978-7-5034-8089-8

Ⅰ.①政… Ⅱ.①李… Ⅲ.①政协委员—生平事迹—中国
②李汉秋—生平事迹 Ⅳ.① K820.7

中国版本图书馆 CIP 数据核字（2016）第 211175 号

责任编辑：金　硕

出版发行：**中国文史出版社**
网　　址：www.chinawenshi.net
社　　址：北京市西城区太平桥大街 23 号　邮编：100811
电　　话：010—66173572　66168268　66192736（发行部）
传　　真：010—66192703
印　　装：北京地大天成印务有限公司
经　　销：全国新华书店
开　　本：787 × 1092　　1/16
印　　张：13.75　　　插页：6
字　　数：170 千字
版　　次：2017 年 1 月北京第 1 版
印　　次：2017 年 1 月第 1 次印刷
定　　价：36.00 元